Satya Prakash Sahu
Shrish Verma

Cancelamento de ruído em imagens: Abordagem de Filtragem Adaptativa

Satya Prakash Sahu
Shrish Verma

Cancelamento de ruído em imagens: Abordagem de Filtragem Adaptativa

ScienciaScripts

Imprint

Any brand names and product names mentioned in this book are subject to trademark, brand or patent protection and are trademarks or registered trademarks of their respective holders. The use of brand names, product names, common names, trade names, product descriptions etc. even without a particular marking in this work is in no way to be construed to mean that such names may be regarded as unrestricted in respect of trademark and brand protection legislation and could thus be used by anyone.

Cover image: www.ingimage.com

This book is a translation from the original published under ISBN 978-613-4-90634-0.

Publisher:
Sciencia Scripts
is a trademark of
Dodo Books Indian Ocean Ltd. and OmniScriptum S.R.L publishing group

120 High Road, East Finchley, London, N2 9ED, United Kingdom
Str. Armeneasca 28/1, office 1, Chisinau MD-2012, Republic of Moldova, Europe
Printed at: see last page
ISBN: 978-620-8-07551-4

ÍNDICE

Prefácio

O processamento digital de imagens é um domínio muito importante da engenharia e tem um impacto potencial em vários problemas do mundo real. Neste domínio, o maior problema surge quando há ruído ou algum erro incluído durante as etapas de processamento de imagem de um domínio de aplicação específico. Neste livro, são focados vários ruídos, como o ruído Gaussiano (GN), o ruído Salt and Pepper (SPN) e o ruído Speckle (SN), associados a vários níveis de ruído. Em seguida, são apresentados vários filtros, como o filtro médio e o filtro mediano, e alguns métodos de conceção de filtros. São apresentados filtros adaptativos com as suas variantes em 1 dimensão e 2 dimensões.

A secção do livro inclui os estudos de caso para a remoção ou cancelamento de ruído através de vários métodos de filtros adaptativos. Os métodos de anulação de ruído apresentados nos livros contêm duas secções principais: Versão deslocada e método baseado na estimativa da média local. Estes dois métodos foram apresentados com base em duas técnicas, como o erro dos mínimos quadrados médios (LMS) e o erro dos mínimos quadrados recursivos (RLS). Foram mostradas as imagens de saída por etapas para os métodos adoptados com a inclusão de vários ruídos, como o ruído Gaussiano (GN), o ruído Salt and Pepper (SPN) e o ruído Speckle (SN), com vários níveis de ruído de 5db, 10db e 15db. Finalmente, os artigos relacionados são também listados e indicados para estudos futuros nas referências.

Satya Prakash Sahu

Prof. Shrish Verma

Agradecimentos

Estamos gratos ao Dr. Mitul Kumar Ahirwal, Professor Assistente, Departamento de Aplicações Informáticas, Instituto Nacional de Tecnologia de Raipur e a Jadav Gopal Singh, PG Scholar, Departamento de Tecnologias da Informação, Instituto Nacional de Tecnologia de Raipur por toda a ajuda prestada na redação do livro.

Gostaríamos de agradecer aos membros da nossa família pelo seu apoio regular. Agradecemos também aos professores e outros colegas do Departamento de Tecnologia da Informação e Engenharia Eletrónica e de Telecomunicações do Instituto Nacional de Tecnologia de Raipur, Índia. Por último, temos de agradecer ao pessoal da editora pelas suas valiosas sugestões e apoio.

CAPÍTULO 1

INTRODUÇÃO

O processamento digital de imagens é uma área de investigação promissora nos domínios da engenharia eletrónica e das comunicações, da eletrónica de consumo e de entretenimento, do controlo e da instrumentação, da instrumentação biomédica, da deteção remota, da robótica e da visão por computador e do fabrico assistido por computador (CAM). Para um processamento significativo e útil, como a segmentação de imagens e o reconhecimento de objectos, e para obter uma boa apresentação visual em aplicações como a televisão, o telefone com fotografia, etc., o sinal de imagem adquirido tem de ser desfocado e tornado isento de ruído. A desfocagem e a supressão de ruído (filtragem) fazem parte de uma classe comum de tarefas de processamento de imagens conhecida como restauro de imagens.

Neste livro, são estudadas as várias condições de ruído e, em seguida, é explicada a técnica de filtragem adaptativa aplicada em 2D juntamente com o algoritmo baseado em gradientes. Foram adicionados e estudados três tipos de ruído, como o ruído gaussiano, o ruído salgado e pimenta e o ruído speckle, com alguns parâmetros de fidelidade.

Os tópicos abordados neste capítulo introdutório 1 são os seguintes:

1. Fundamentos do processamento digital de imagens

2. Ruído em imagens digitais

3. Estudo de filtros de imagem relatados na literatura

4. Declaração do problema

5. Métricas de imagem

6. Condições de ruído para simulação informática

1.1 FUNDAMENTOS DO PROCESSAMENTO DIGITAL DE IMAGENS

Existem dois tipos de imagens seguidas:

a. Imagem vetorial

A imagem vetorial é construída para vectores e essa vantagem através dos locais chamados pontos de controlo. Qualquer um destes pontos de controlo foi definido nos eixos X e Y do plano de trabalho.

b. Imagem digital

Uma imagem digital é constituída por uma sequência 2D de números reais. A imagem 2D é dividida em N linhas e M colunas. O cruzamento destas linhas e colunas é conhecido como pixéis com origem X (m, n). Os diferentes tipos de imagens digitais são os seguintes

1. Imagem binária

As imagens binárias, também conhecidas como imagens a preto e branco, qualquer pixel é apenas preto ou branco. Existem apenas dois valores possíveis para cada pixel: 0 ou 1.

2. Imagem em escala de cinzentos

A imagem em escala de cinzentos é convertida numa gama de intensidade variável de 0 a 255, de modo a que qualquer valor de pixel com o valor 0 represente *o preto* e 255 represente o *branco*.

3. Imagens a cores

Nas imagens a cores, cada pixel tem uma cor apropriada e pode ser descrito através da quantidade de planos vermelhos, azuis e verdes que contém. Os componentes destes planos têm um intervalo específico entre 0 e 255.

4. Histograma

Os histogramas de imagens caracterizam o valor da intensidade dos pixels que aparecem numa imagem. Trata-se basicamente de uma medida estatística sobre a frequência de cada valor da escala de cinzentos. O número de componentes (pixéis) correspondente a cada valor da escala de cinzentos é traçado nos eixos x-y para representar o histograma de uma imagem.

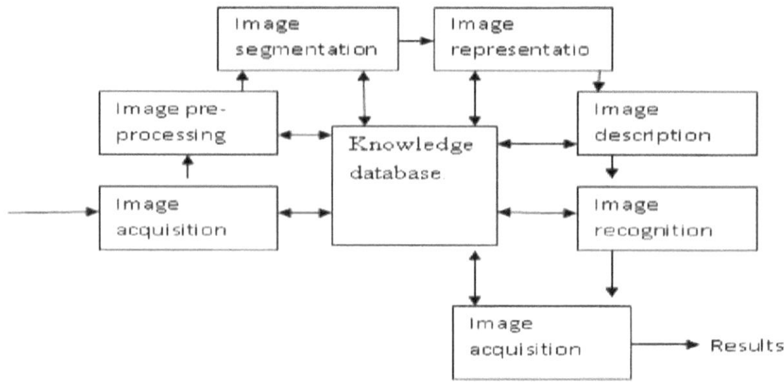

Figura 1.1: Etapas fundamentais do processamento de imagens

O processamento digital de imagens refere-se geralmente ao processamento de um sinal de imagem bidimensional (2-D) por um hardware digital. Num contexto mais vasto, implica o processamento de qualquer sinal utilizando um hardware dedicado, por exemplo, um circuito integrado de aplicação específica (ASIC) ou utilizando um computador de uso geral que implemente alguns algoritmos desenvolvidos para o efeito. Uma imagem é uma função (sinal) 2-D, $x(m,n)$, em que m e n são as coordenadas espaciais (planas). A magnitude de x em qualquer par de coordenadas (m, n) é a intensidade ou nível de cinzento da imagem nesse ponto. Numa imagem digital, m, n e a magnitude de x são quantidades finitas e discretas. Cada elemento desta matriz (matriz 2-D) é designado por elemento de imagem ou pixel.

O processamento digital de imagens é amplamente utilizado em aplicações como a televisão digital, o fotofone, a deteção remota, a transmissão de imagens, o processamento médico, o radar, o sonar e o processamento de imagens acústicas, a robótica, o fabrico assistido por computador (CAM) e o controlo automático da qualidade nas indústrias.

Os passos fundamentais no processamento de imagens podem ser dados como

a. Aquisição de imagens - para adquirir imagens digitais

b. Pré-processamento de imagens - para melhorar a adequação da representação da imagem, de modo a que esta se adapte melhor à aplicação de vários métodos e possa ajudar a melhorar o desempenho.

c. Segmentação de imagens - para separar uma imagem de entrada nas suas partes constituintes ou objectos.

d. Representações de imagens - para converter os dados de entrada numa forma adequada ao processamento informático.

e. Descrições de imagens - para extrair caraterísticas que resultam em informações quantitativas de interesse ou caraterísticas que são fundamentais para compreender uma classe de objectos de outros objectos.

f. Reconhecimento de imagens - para atribuir uma etiqueta a um objeto com base nos dados fornecidos pelos seus descritores.

g. Interpretação de imagens - para dar significado a um conjunto de objectos reconhecidos.

h. Conhecimento - um domínio problemático é codificado num sistema de processamento de imagem com a preparação de uma base de dados de conhecimento.

1.2 RUÍDO EM IMAGENS DIGITAIS

Consiste em formas de onda não desejadas que podem interferir com a comunicação. O ruído pode ser interno ou externo ao sistema [1, 3]. Os tipos de ruído são classificados da seguinte forma

1.2.1 Ruído Gaussiano.

O ruído gaussiano, também designado por ruído branco, é causado por flutuações aleatórias no sinal. É modelado por valores aleatórios adicionados a uma imagem. Podemos encontrar ruído branco quando estamos a ver televisão, que está ligeiramente dessincronizada com um determinado canal.

$$P(z) = \frac{1}{\sqrt{2\pi\sigma^2}}\, e^{-\frac{(z-u)^2}{2\sigma^2}} \tag{1.1}$$

Em que P (z) = função de densidade de probabilidade u média, σ variância.

Figura 1.2: Imagem com ruído gaussiano

1.2.2 Ruído de sal e pimenta

O ruído de sal e pimenta é provocado por um ruído fino e rápido que ocorre nas imagens, também designado por ruído de impulso, ruído de disparo ou ruído binário. Esta preservação pode ser causada por movimentos finos e rápidos que criam perturbações nas imagens, sendo dispersos aleatoriamente com pixéis brancos ou pretos (ou ambos) na imagem.

Figura 1.3: Ruído de sal e pimenta

1.2.3 Ruído de manchas

O ruído de manchas é um ruído granular (multivalvulado) e pode ser representado como um padrão em que um valor numérico é multiplicado por valores da escala de cinzentos numa imagem. O ruído Speckle mostra os problemas principais ou comuns encontrados na aplicação Radar.

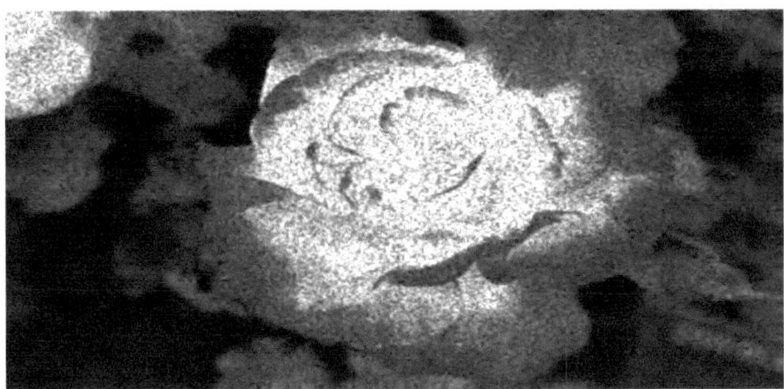

Figura 1.4: Ruído de speckle

1.3 PROCESSAMENTO DE IMAGENS E FILTROS ADAPTATIVOS

A filtragem no processamento de imagens é como fazer uma maquilhagem ou uma transformação para obter uma imagem melhorada. Assim, filtrar uma imagem é basicamente suavizar, tornar mais nítida ou melhorar uma aresta e aplicar efeitos.

Nos primeiros tempos, os filtros lineares eram as principais ferramentas no processamento de sinais e imagens. Um filtro linear pode ser descrito matematicamente através da utilização de um operador linear $f(.)$ que mapeia um sinal de entrada, X, num sinal de saída, Y, como:

$$Y = f(x) \tag{1.2}$$

O operador f (.) satisfaz os princípios da sobreposição. Devido à simplicidade matemática dos filtros lineares, é fácil projectá-los e implementá-los. No entanto, os filtros lineares têm um desempenho fraco na presença de ruído não aditivo, bem como em sistemas em que se verificam não linearidades do sistema ou estatísticas não gaussianas. Os filtros lineares tendem a esbater as arestas, não removem eficazmente o ruído impulsivo e não têm um bom desempenho na presença de ruído dependente do sinal.

Para ultrapassar estas deficiências, foram explicados vários tipos de filtros não lineares na secção posterior do livro. Para estes filtros, o operador f (.), descrito em, não é uma função linear. Foram estudadas diferentes famílias de filtros não lineares com diferentes caracterizações. A maioria dos pacotes de software de processamento de imagem atualmente disponíveis inclui filtros não lineares. O filtro não linear mais popular é o filtro da mediana (MED) [4]. É computacionalmente eficiente, mas produz resultados desfocados e distorcidos. O autor propôs uma filtragem mediana 2-D que se baseia na classificação e atualização do histograma de níveis de cinzento dos elementos da imagem na janela. Posteriormente, foi apresentado um algoritmo rápido em tempo real para a filtragem mediana de sinais e imagens. Neste método, foi sugerida a filtragem do ruído com base na sua média e variância locais, tanto no caso aditivo como no caso multiplicativo. Recentemente, foi demonstrado que a utilização de estatísticas locais funciona melhor para a remoção de ruído branco aditivo e multiplicativo. No entanto, não é adequada para a remoção do ruído impulsivo, uma vez que utiliza aproximações lineares óptimas. Os tipos de filtros são os seguintes:

a. **Filtragem Gaussiana**

A filtragem gaussiana é utilizada para desfocar imagens e remover ruído e pormenores. Numa dimensão e em duas dimensões, os filtros Gaussianos funcionam utilizando a distribuição 2D como uma função de dispersão pontual. Isto é conseguido através da convolução da função de distribuição Gaussiana 2D com a imagem.

b. **Filtragem mínima:** o pixel atual é substituído pelo valor mínimo do pixel vizinho.

c. **Filtragem máxima:** o pixel atual é substituído pelo valor máximo do pixel vizinho.

d. **Filtragem da média:** o pixel atual é substituído pela média aritmética dos valores dos pixels vizinhos.

e. **Filtragem por ordem de classificação:** o pixel presente é substituído através da ordem definida pelo utilizador a partir dos seus pixels vizinhos.

f. **Filtragem mediana:** o pixel atual é substituído pelo elemento intermédio dos pixéis vizinhos.

g. **Nova filtragem gerada**: o pixel atual é substituído pela média aritmética de mid-1, mid, m+1 dos seus pixels vizinhos.

O objetivo do restauro de imagens é obter uma imagem a partir de uma versão distorcida da mesma. Os tipos mais comuns de degradação são devidos à não-linearidade do sensor, à desfocagem e ao ruído. Aqui, abordamos o problema específico da recuperação de imagens degradadas por ruído de grãos de filme. A película fotográfica continua a ser um meio de registo de imagens muito utilizado por várias razões, incluindo a alta resolução, a latitude de exposição, a gama dinâmica e a disponibilidade imediata. Na película fotográfica, a densidade da película está relacionada linearmente com o logaritmo da exposição. No domínio da densidade, o ruído é modelado como aditivo, independente e branco Gaussiano.

Previsão de ruído

Nesta secção, prevemos o ruído utilizando vários filtros (lineares), o ruído gaussiano previsto pelo filtro gaussiano, o ruído de sal e pimenta previsto pelo filtro médio e pelo filtro mediano e o ruído de manchas previsto pelo filtro mediano.

Ruído ambiental

O ruído é normalmente um componente de alta frequência e as técnicas de filtragem passa-baixo podem ser utilizadas para o eliminar. O ruído intervém na imagem durante a aquisição ou a transmissão da imagem. Existem vários outros factores que contribuem para o aparecimento do ruído na imagem. A quantificação do ruído será decidida através do número de pixéis danificados na imagem. A principal origem do ruído na imagem digital é através do sensor de imagem e os componentes da imagem podem ser danificados:

a. Condições ambientais no momento da aquisição da imagem. Podem existir factores como níveis de iluminação insuficientes e temperatura do sensor.

b. O ruído pode ser introduzido numa imagem através de interferências no filtro de transmissão que podem ser responsáveis pela corrupção da imagem. Se existirem partículas de pó no ecrã do scanner. Estas podem também permitir o ruído na imagem.

c. A desfocagem de uma imagem deve-se principalmente ao movimento do scanner do objeto e também à velocidade lenta do obturador.

d. A outra razão para o ruído são os modos de alta sensibilidade (definição ISO elevada).

e. Pouca luz ou luz fraca (ambientes noturnos ou escuros).

O ruído pode produzir efeitos indesejáveis, tais como artefactos, arestas irrealistas, linhas invisíveis, cantos, objectos desfocados e perturbações nas cenas de fundo. Neste caso, os investigadores não são capazes de reconhecer alguns ruídos utilizando certos tipos de técnicas, como os filtros lineares; assim, os filtros não lineares, tais como os filtros adaptativos, podem ser utilizados para identificar qualquer ruído presente numa imagem sem qualquer previsão do utilizador. O filtro adaptativo é um filtro versátil que pode ajustar e alterar automaticamente os coeficientes do filtro através da utilização de um algoritmo de otimização com recurso a funções de erro. Estes filtros são geralmente utilizados como parte do processamento de imagens para restaurar ou restabelecer a informação que se perdeu devido a esses ruídos.

1.4 MÉTRICAS DE IMAGEM

Os parâmetros de fidelidade são os mais comuns para a avaliação do desempenho de vários algoritmos. No entanto, no sistema de melhoramento de imagens, a medida definitiva efectiva é a perceção de uma imagem para examinar a qualidade. A qualidade da imagem melhorada é especificada pelo rácio de ruído do sinal de pico (PSNR), que mede o erro de pico entre duas imagens. A medida do erro quadrático médio (MSE) é a média do quadrado do erro entre duas imagens. Do mesmo modo, a correlação cruzada (CCR) é utilizada para medir a semelhança entre duas imagens. O método de comparação do desempenho de vários algoritmos baseia-se principalmente no cálculo do PSNR, do MSE e do CCR e no pós PSNR, MSE e CCR. Nesta abordagem, a PSNR, a MSE e a CCR devem ter sempre um valor elevado e a MSE deve ter um valor reduzido, em comparação com o método pós e o método anterior.

1.4.1 Erro Quadrático Médio

Nas aplicações de melhoria do desempenho da imagem, a medida de erro mais eleita é o erro quadrático médio e é definida como [2]:

$$MSE = \frac{1}{M.N} \sum_{m=0}^{M-1} \sum_{n=0}^{N-1} [I_{original(m,n)} - (I_{ehnancement(m,n)}]^2 \qquad (1.3)$$

Em que *I* original *(m, n)* e *I* melhorado *(m, n)* são os sinais 2D original e melhorado, respetivamente.

1.4.2 Relação sinal-ruído de pico

A qualidade dos sinais 2D originais e melhorados é calculada utilizando o rácio sinal/ruído de pico. O valor PSNR é medido após o cálculo do valor MSE, e o PSNR é dado por:

$$PSNR = 10log_{10}(\frac{R^2}{MSE}) \qquad (1.4)$$

onde MSE é o erro quadrático médio, PSNR é o rácio de ruído do sinal de pico (m, n) pixel da imagem *I* original, *I* melhorada são a imagem original e melhorada *M,N* são o número de linhas e colunas *R* é o valor máximo do pixel da imagem. Além disso, o PSNR calcula o erro de pico entre dois sinais. Como vimos na relação inversa entre o MSE e o PSNR, para obter o melhor desempenho de melhoramento da imagem, o valor do MSE deve ser baixo e o valor do PSNR deve ser elevado, sempre que possível.

1.4.3 Correlação cruzada normalizada (NCCR)

Em sismologia, a correlação é frequentemente utilizada para procurar sinais semelhantes que se repetem numa série cronológica, o que é conhecido como filtragem combinada. Como a correlação de dois sinais de alta amplitude tende a dar números grandes, não se pode determinar a semelhança de dois sinais apenas comparando a amplitude da sua correlação cruzada.

$$CCR(I, X) = \frac{\sum_{M.N} \sum_{M.N} (I(M.N) * X(M.N))}{\sum_{M.N} \sum_{M.N} (I(M.N) * I(M.N))} \qquad (1.5)$$

Onde *NCCR* é a correlação cruzada normalizada *M, N* é o número de linhas e colunas *I(M,N)* Imagem original.

1.4.4. Erro absoluto normalizado (NAE)

A diferença entre o valor medido ou inferido de uma quantidade *I(m,n)* e o seu valor real *X(m,n)* dada por

$Error = I\,(m,\,n) - X\,(m,\,n)$

Quanto maior for o valor de NAE, significa que a imagem é de má qualidade.

$$NAE = \frac{\sum_{M.N}\sum_{M,}(I(M.N)-X(M.N))}{\sum_{M.N}\sum_{M.N}(I(M.N))} \tag{1.6}$$

Onde M, N é o número de linhas e colunas $I(M,\,N)$ Imagem original. $X(m,\,n)$ Imagem melhorada

1.4.5O rácio sinal-ruído (SNR)

A relação sinal/ruído é aplicada na imagiologia como um cálculo físico da sensibilidade de um sistema de imagiologia. As normas das empresas medem a SNR em decibéis de potência e, por conseguinte, utilizam a regra dos 10 logaritmos para a SNR.

$$SNR = \frac{\sum_{M.N}\sum_{M.N}I(M.N)}{\sum_{M.N}\sum_{M.N}(I(M.N)-X(M.N))} \tag{1.7}$$

Onde M, N é o número de linhas e colunas $I\,(M,\,N)$ Imagem original. $X\,(m,\,n)$ Imagem melhorada M, N=número de linhas e colunas.

1.5 CONDIÇÕES DE RUÍDO

Neste livro, foram estudados vários ruídos com a utilização de algumas imagens públicas. De seguida, são explicados diferentes tipos de classificação de ruído com diferentes tipos de parâmetros de fidelidade.

Classificações do nível de ruído

Tomemos uma imagem padrão e, em seguida, coloca-se a seguinte questão: Que quantidade de ruído deve ser adicionada a esta imagem de amostra para simular uma condição de ruído prática? Normalmente, a relação sinal-ruído (SNR) é superior a 20dB num canal de comunicação. Muito raramente, torna-se inferior a 10dB. É por isso que um SNR inferior a 10dB representa uma condição de ruído elevado, enquanto um SNR superior a 20dB representa uma condição de ruído baixo. O quadro apresenta uma lista exaustiva das classificações dos níveis de ruído.

Quadro 1.1 Nível de ruído

Nível de ruído	Relação sinal/ruído
Muito baixo	>=30dB
Baixa	>=25 dB
médio	>=20 dB
elevado	>=15 dB
Muito elevado	>=10 dB
Extremamente elevado	<5 Db

Este quadro apresenta uma classificação aproximada e difusa. Representa condições práticas de ruído. Por conseguinte, esta classificação pode ser utilizada para efeitos de simulação. A imagem de teste padrão "Rose" é utilizada para efeitos de simulação. São-lhe adicionados vários tipos de ruído. No caso do ruído Gaussiano, do ruído Salt and Pepper e do ruído Speckle, a densidade do ruído é variada. A potência do ruído e o SNR são calculados em cada caso. Os resultados da simulação de ruído são semelhantes aos parâmetros de fidelidade diferentes utilizados para medir o desempenho e calculados como SNR, PSNR, MSE, NCCR e NAE.

CAPÍTULO 2

NOÇÕES BÁSICAS DE FILTROS

2.1 IMAGEM E SEUS TIPOS

Representação da forma externa de uma pessoa ou coisa na arte. Ou A impressão geral que uma pessoa, organização ou produto apresenta ao público As fotografias podem ser bidimensionais, como uma fotografia ou um ecrã, ou tridimensionais, como uma estátua ou um holograma. Podem ser captadas através de dispositivos ópticos, como câmaras, espelhos, lentes, telescópios e microscópios, etc., e de objectos e desenvolvimentos genuínos, como o olho humano ou a água. A palavra "imagem" é utilizada no sentido mais lato de cada figura bidimensional, como um mapa, um gráfico, uma tabela e uma pintura. Neste sentido mais lato, as imagens podem também ser processadas automaticamente, como um desenho, a arte de pintar, esculpir e processadas automaticamente através da tecnologia de impressão ou de computação gráfica, quer desenvolvida quer uma combinação de técnicas, especialmente numa pseudo-imagem. Uma fotografia volátil é aquela que existe apenas durante um período de tempo limitado. Pode ser uma ideia de um objeto que um espelho, uma projeção de uma vaga de uma câmara, ou uma cena mostrada num tubo de raios catódicos. Uma imagem inalterável, conhecida como cópia em papel, é uma imagem que foi documentada num objeto material, como o papel, através de fotografia ou de qualquer outro processo digital. Existem dois tipos de imagens que são utilizadas no processamento de imagens:

2.1.1 Imagens naturais

A fotografia natural (da natureza) refere-se a uma vasta gama de fotografias tiradas ao ar livre e dedicadas à apresentação de elementos naturais, como paisagens, vida selvagem, plantas e grandes planos de cenas e texturas naturais. A fotografia de natureza tende a colocar uma maior ênfase no valor estético da fotografia do que outros géneros fotográficos, como o fotojornalismo e a fotografia documental.

Figura 2.1: Imagem natural

2.1.2Imagens artificiais (computador)

A imagem artificial, também conhecida como imagem baseada em computador e que não é uma imagem exterior, é concebida com recurso a gráficos e a outro software que tem um aspeto mais atraente do que as imagens naturais.

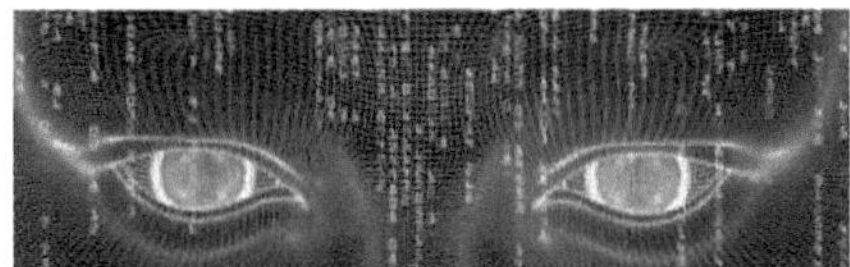

Figura2.2 Imagem artificial

Tabela 2.1 Existem 5 formatos principais para armazenar imagens.

S. não	Abreviatura	Descrição
1	TIFF	TIFF (TIF) significa Tagged Image File Format. Tipos de ficheiros terminados em .tiff
2	JPEG	JPEG (JPG) significa Joint Photographic Experts Group, tipos de ficheiros terminados em .jpg
3	GIF	GIF significa Graphic Interchange Format. Tipos de ficheiros terminados em .gif
4	PNG	PNG significa Portable Network Graphics. Tipos de ficheiros terminados em .png

5	Ficheiros de imagem em bruto	Os ficheiros de imagem em bruto contêm dados de uma câmara digital.

2.1.3 Noções básicas de processamento de imagens

O processamento de imagens é um método para converter uma imagem em formato digital e efetuar algumas operações sobre ela, de modo a obter uma imagem melhorada ou a extrair dela alguma informação útil. É um tipo de distribuição de sinais em que a entrada é uma imagem, como um fotograma de vídeo ou uma fotografia, e a saída pode ser uma imagem ou caraterísticas associadas a essa imagem. Normalmente, o sistema de processamento de imagens inclui o tratamento de imagens como sinais bidimensionais, aplicando-lhes métodos de processamento de sinais já definidos.

O desejo de processamento de imagem é dividido em 5 grupos que são:

a.   Visualização: estudar os objectos que não são perceptíveis.

b.   Nitidez e restauro de imagens: Para criar uma imagem melhorada.

c.   Recuperação de imagens: procurar a imagem de interesse.

d.   Medição de padrão: Mede diferentes objectos numa imagem.

e.   Reconhecimento de imagens: determinar os objectos numa imagem.

As duas categorias de técnicas utilizadas no processamento de imagens são o processamento analógico e o processamento digital de imagens. Os métodos analógicos ou visuais de processamento de imagem podem ser utilizados como cópias impressas semelhantes e fotografias. O contador de imagens utilizou vários métodos básicos de interpretação na altura em que utilizou estes métodos visuais. O tratamento da imagem não se limita apenas a uma área que tem de ser estudada com base nos conhecimentos do contabilista. A união é outra ferramenta importante no tratamento da imagem às técnicas visuais. Assim, os analistas utilizam uma combinação de conhecimentos específicos e dados dependentes para o tratamento da imagem.

O processo dos métodos de processamento digital ajuda a manipular as imagens digitais através da utilização de computadores. Tal como os dados brutos dos sensores de imagem em relação ao solo dos satélites, estes contêm falhas. Para colmatar estas falhas e obter a originalidade da informação, esta tem de passar por diferentes fases de processamento. As três fases normais a que cada tipo de informação tem de ser submetido quando se utiliza a técnica digital são o pré-processamento, o melhoramento e a extração de dados.

Pixel

O pixel é o elemento mais pequeno de uma imagem. Cada pixel corresponde a um valor qualquer. Numa imagem de escala de cinzentos de 8 bits, o valor dos pixels situa-se entre 0 e 255. O valor de um pixel em qualquer ponto corresponde à intensidade dos fotões de luz que incidem nesse ponto. Cada pixel armazena um valor proporcional à intensidade da luz nesse local específico.

2.2 RUÍDOS

O ruído apresenta-se como dados indesejados que corrompem o elemento de imagem. O ruído é uma variação alternativa da prioridade da imagem e é visível como um grânulo na imagem. Canal de ruído, componente de pixéis na imagem, valores de concentração atualmente alternados em relação aos valores originais dos pixéis. O ruído é explicado como um processo *(X)* que altera a imagem tirada *(H)* e não faz parte do sinal de partida do ecrã é Y, e então, invulgarmente, o modelo de ruído pode ser expresso como:

$$H(i,j) = Y(i,j) + X(i,j$$

O ruído da imagem digital pode ser introduzido a partir de princípios distintos. O processo de aquisição de imagens digitais transforma sinais ópticos em sinais eléctricos e, posteriormente, em sinais digitais e é o único processo através do qual o ruído é introduzido nas imagens digitais. Qualquer passo no processo de conversão sofre alterações, produzidas pelo desenvolvimento natural, e cada um destes passos acrescenta um valor irregular à prioridade resultante de uma dada componente do pixel.

Ruído e seus tipos

O ruído pode ser introduzido no momento em que os dados da imagem são enviados ou transmitidos. Vários factores contribuem para a introdução do ruído na imagem. Dependendo dos diferentes tipos de ruído, este pode afetar a imagem de várias formas e em várias extensões. A visão geral do ruído e dos seus tipos já foi apresentada no capítulo anterior. Assim, nesta secção, são apresentados os pormenores do ruído com os conceitos e as formulações lógicas:

O ruído de sal e pimenta é também conhecido como um tipo de ruído de impulso. Estes vários tipos de ruído estão a progredir devido a um erro no envio de dados. Estes ruídos ocorrem na imagem devido a mudanças bruscas e repentinas no sinal de imagem. Para muitas imagens corrompidas por ruído de sal e pimenta, os pixéis ruidosos só podem ter os valores máximo e mínimo na gama dinâmica (área). A imagem está organizada em 8 bits e o valor personalizado para o ruído de pimenta é de 0 valores e para o ruído de sal é de 255 valores. O ruído de sal e pimenta é normalmente afetado por elementos de pixel danificados nos sensores da câmara, por posições de memória defeituosas ou por erros no processo de cálculo.

$$p(z) = \begin{cases} p_a & for\ z = a \\ p_b & for\ z = b \\ 0 & otherwise \end{cases} \tag{2.1}$$

O ruído de Poisson é o ruído causado quando o número de fotões detectados pelo sensor não é confortável para fornecer informação estatística detetável. O ruído de Poisson existe porque um fenómeno como a luz e a corrente eléctrica consiste no movimento de pacotes discretos. O ruído de Poisson pode ser dominado quando o número finito de partículas que transportam energia é suficientemente pequeno para que as incertezas devidas à distribuição de Poisson, que descreve a ocorrência de acontecimentos aleatórios independentes, sejam significativas. A magnitude do ruído aumenta com o aumento da intensidade da luz.

O ruído gaussiano é constantemente distribuído até ao sinal. Isto significa que cada componente de pixel na imagem ruidosa é a soma do valor verdadeiro do pixel e de um valor de ruído distribuído gaussianamente, um a um. O ruído é auto-alterado ou auto-determinante da intensidade do valor do pixel em vários pontos. Um caso particular é o ruído gaussiano branco, em que os valores em qualquer par de momentos são igualmente distribuídos e numericamente independentes. O ruído branco deve o seu nome à luz branca. A principal origem do ruído gaussiano nas imagens digitais ocorre no momento da aquisição, por exemplo, o ruído do sensor afetado por uma iluminação deficiente ou por uma temperatura ou transmissão elevadas.

$$P(z) = \frac{1}{\sqrt{2\pi\sigma^2}} e^{-\frac{(z-u)^2}{2\sigma^2}} \tag{2.2}$$

O ruído de speckle é um ruído granular (multiválvula). O ruído pontual pode ser modelado pelo produto entre os valores de pixel na imagem e pode ser definido como:

$$P = I + n * I \tag{2.3}$$

O ruído de speckle é o mais comum no sistema de deteção por radar, tanto quanto pode aparecer em cada tipo de imagem detectada remotamente empregando radiação coerente. Tal como a luz contra um laser, as ondas são emitidas através de sensores activos que viajam na fase e interagem minimamente no seu caminho para a área de destino. Elimina o efeito do ruído speckle, permitindo uma boa discriminação da saída de cena e uma segmentação automatizada mais fácil da imagem.

2.3 FILTROS CONVENCIONAIS

2.3.1 Filtro médio

O filtro mediano é uma filtragem linear que permite eliminar certos tipos de ruído. Alguns filtros, como o filtro gaussiano ou o filtro de média, são aplicáveis para este efeito. Por exemplo, um filtro gaussiano é utilizado para remover o ruído de grãos de uma fotografia. Uma vez que cada pixel é definido como a média dos pixéis da sua vizinhança, as variações locais produzidas pelo grão são reduzidas. Tradicionalmente, os algoritmos de filtragem linear foram testados para o processamento de imagens. O filtro de média é utilizado como um filtro linear que utiliza uma máscara para cada pixel do sinal. A média dos componentes dos pixéis que caem sob a máscara é calculada para formar uma média de cada pixel. O filtro de média é necessário para preservar as margens. O filtro de média é definido e seguido:

$$\text{Mean filter } (x1 \ldots \ldots xN) = -\sum_{i=1} xi \qquad (2.4)$$

Em que *(x1 ...xN)* é o intervalo de píxeis da imagem. Geralmente, os filtros lineares são utilizados para

ruído reduzido.

2.3.2 Filtro mediano

O filtro mediano é uma técnica de remoção de ruído que é uma abordagem de filtragem digital não linear, geralmente utilizada para remover ruído. Esta redução do ruído é um passo regular de pré-processamento para melhorar os resultados do processamento seguinte. A filtragem mediana é geralmente utilizada no tratamento de imagens digitais em condições de convicção. Extrai as arestas ao mesmo tempo que remove o ruído. A ideia principal do filtro mediano é a de correr o sinal passagem a passagem, substituindo cada passagem pela mediana da passagem vizinha. Se a janela tiver um número ímpar de passagens, a mediana é simples de descrever, é o valor médio decente que todas as passagens da janela são posteriormente ordenadas numericamente. Se o número de passagens for par, existe mais do que uma mediana possível. O filtro mediano é também um filtro robusto. Os filtros medianos são amplamente utilizados como suavizadores no processamento de imagens, no processamento de sinais e no processamento de séries temporais. Uma das principais vantagens do filtro mediano em relação aos filtros lineares é o facto de o filtro mediano poder anular o resultado de valores de ruído de entrada com grandes magnitudes. A saída y é o filtro mediano no tempo t calculado, assim como a mediana é o valor de entrada comparável ao tempo adjacente a t:

$$y(t) = median(\left(x\left(t - \frac{T}{2}\right), (t - T1 + 1), \ldots . . x(t), \ldots . x\left(t + \frac{T}{2}\right)\right) \qquad (2.5)$$

Para além do filtro mediano unidimensional acima descrito, existem filtros bidimensionais utilizados no processamento de imagens. Normalmente, as imagens são representadas de forma discreta como conjuntos bidimensionais de elementos de imagem, ou "pixels" - ou seja, conjuntos de valores não negativos Bij ordenados por dois índices

$$i = 1 \ldots \ldots Ny(rows) \, and \, j = 1, \ldots \ldots Ny(column) \tag{2.6}$$

em que os elementos Bij são valores escalares, existem métodos para processar imagens a cores, em que cada pixel é representado por vários valores, por exemplo, pelos seus valores "vermelho", "verde" e "azul", que determinam a *cor do pixel.*

2.4 CONCEPÇÃO DO FILTRO

A conceção de filtros é o processo de conceção de um filtro de processamento de sinais que satisfaz um conjunto de requisitos, alguns dos quais contraditórios. O objetivo é encontrar uma realização do filtro que satisfaça cada um dos requisitos num grau suficiente para o tornar útil. Os filtros digitais são construídos através da visualização de todas as infinitas amostras da resposta ao impulso. Os filtros digitais são sistemas lineares de momento-invariante de momento discreto. O filtro FIR é do tipo não recursivo, a saída depende da entrada atual e das amostras de entrada anteriores. O filtro IIR é do tipo recursivo, a saída depende da entrada atual, da entrada anterior e das amostras de saída. A resposta ao impulso é conveniente porque: (a) vários sinais podem ser considerados como a soma de um certo número de impulsos deslocados e escalonados, pelo que a retroação de um filtro linear ao sinal é a soma da retroação a todos os impulsos que estabelecem o sinal, (b) por conseguinte, uma entrada de impulso consiste em todas as frequências com a mesma energia, pelo que encanta um filtro em todas as frequências (c) a resposta ao impulso e a resposta em frequência são os pares da transformada de Fourier.

2.4.1 Filtros FIR.

Um filtro não recursivo não tem avaliação e a sua relação entrada-saída é determinada pela realimentação desse filtro através de um impulso que consiste numa cadeia finita de M+1 amostras, em que M é a ordem do filtro. Por conseguinte, o filtro é conhecido como um filtro FIR (Finite-period Impulse Response).

2.4.2. Filtros IIR

Um filtro recursivo tem avaliação da saída para a entrada e, em geral, a sua saída é uma função das amostras de saída anteriores e das amostras de entrada actuais e anteriores, tal como definido pela equação seguinte. Deste modo, um filtro recursivo é também conhecido como um filtro de resposta ao impulso de período infinito (IIR).

2.5 FILTRO ADAPTATIVO

O filtro adaptativo é uma área importante no processamento digital de sinais (DSP), bem como um papel importante no processamento de imagens (IP); as suas muitas aplicações importantes têm sido objeto de investigação. O filtro adaptativo pode ser considerado um tema maduro. Um filtro adaptativo, que é um dispositivo computacional, tenta modelar a relação entre dois sinais em tempo real de forma iterativa. Os filtros adaptativos são frequentemente realizados como um conjunto de instruções de programa executadas num dispositivo de processamento computacional, como um microprocessador ou um chip DSP. Os sistemas de processamento de sinais digitais são cada vez mais intrigantes, devido ao resultado do desenvolvimento da conceção de circuitos digitais. Existem certas técnicas que incluem sistemas digitais para aplicações de filtragem variadas. Os sistemas digitais são utilizados para tratar os dados dos vários sinais de entrada. Os filtros adaptativos tornam-se práticos em qualquer tipo de ambiente novo. O filtro adaptativo é utilizado para DSP e também mantém várias aplicações num ambiente de alternância temporal de estatísticas de entrada. O sinal corrompido é melhorado por ruído consistente e inconsistente que é degradado com a ajuda de filtros adaptativos. As aplicações dos filtros adaptativos, tais como a identificação, a modelação inversa, a previsão e a anulação das interferências, são essenciais para resolver o problema da anulação do ruído e do eco acústico. Para obter um filtro adaptativo capaz, foram concebidos vários algoritmos, nomeadamente o Least Mean square (LMS), o Normalized Least mean square (NLMS) e o Recursive least square (RLS) para o cancelamento de interferências. O cálculo do desempenho do algoritmo adaptativo é feito com base no erro de ajuste, na taxa de convergência, nos requisitos matemáticos, na força e na robustez numérica. A breve definição do sistema de cancelamento de ruído é explicada na secção 3. O conceito inicial de um sistema de cancelamento de ruído adaptativo consiste em permitir que o sinal corrompido seja filtrado por um filtro digital que suprime o sinal corrompido pelo ruído, mantendo o sinal original inalterado. A anulação adaptativa do ruído (ANC) comprime completamente o ruído de baixa frequência para o qual os métodos passivos são ineficientes. A secção 4 apresenta explicações sobre algoritmos adaptativos, como o Recursive Least Square (RLS) e o Least Mean Square (LMS). O capítulo 5 conclui o trabalho de investigação principal.

Os filtros adaptativos são geralmente utilizados como parte do processamento de imagens para atualizar (restaurar) ou restabelecer a informação, expulsando a comoção sem obscurecer completamente as estruturas da imagem. A pesquisa sobre filtragem adaptativa é enorme e não pode ser resumida adequadamente num pequeno capítulo. No entanto, uma grande parte da literatura aplica sinais unidimensionais (1D). Esta metodologia não é diretamente aplicável ao processamento de imagens e não existem formas diretas de alargar as técnicas 1D a dimensões superiores, principalmente porque não existe uma ordenação única dos pontos de dados em dimensões superiores a um. Uma vez que os dados de imagem superiordimensionais não são raros (imagens 2D, volumes 3D), optámos por focar este capítulo em técnicas de filtragem adaptativa que podem ser desespecializadas para sinais multidimensionais. Um filtro adaptativo é necessário quando as determinações estabelecidas são obscuras ou as particularidades não podem ser satisfeitas por filtros invariantes no tempo. Em termos estritos, um filtro adaptativo é um filtro não linear, uma vez que as suas qualidades dependem da informação e, por conseguinte, as condições de homogeneidade e de substância adicionada não são satisfeitas. No entanto, na hipótese de solidificarmos os parâmetros do filtro num dado momento, a maior parte dos filtros versáteis considerados neste conteúdo são diretos, pois os seus sinais de saída são elementos diretos dos seus sinais de entrada. Os casos especiais são os filtros versáteis Os filtros versáteis são temporais, uma vez que os seus parâmetros estão constantemente a mudar de modo a satisfazer uma necessidade de execução. Neste sentido, podemos traduzir um filtro versátil como um filtro que executa a etapa de estimativa na Web.

2.5.1 Filtro adaptativo em sinal 1D

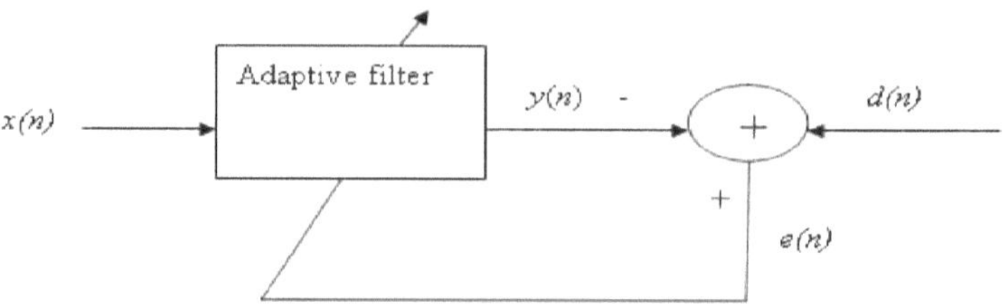

Figura 2.3: Diagrama de blocos do filtro adaptativo

Onde, *x (n)* é o sinal de entrada, *y (n)* é o sinal de saída, e *d (n)* é o sinal desejado. O sinal de erro *e (n)* é o sinal de erro; w (n) é o vetor de pesos.

O estudo da filtragem adaptativa é enorme e não pode ser adequadamente resumido num pequeno capítulo. No entanto, uma grande parte da literatura aplica sinais unidimensionais (1D). Esta metodologia não é diretamente aplicável ao processamento de imagens e não existem formas diretas de alargar as técnicas 1D a dimensões superiores, principalmente porque não existe uma ordenação única dos pontos de dados em dimensões superiores a um

$$y(n) = w^t(n)x(n) \tag{2.5}$$

a. Cancelamento de ruído

O ruído é um sinal indesejável durante a comunicação de sinais. O ruído pode surgir devido a muitos elementos como a retenção, a sobreposição e a interferência. Estas questões na terra são adquiridas devido à mudança exagerada da inovação que acelerou os motores barulhentos e outras fontes de ruído, a estrutura de cancelamento de ruído que funciona para diferentes aplicações, por exemplo, para eliminar a impedância ocasional no sinal de discurso, para eliminar a obstrução intermitente na eletrocardiografia. A filtragem adaptativa tem sido, em grande medida, utilizada como parte de numerosas aplicações terrestres. Foram obtidos resultados vitais na eliminação de ruídos e obstruções em aplicações biomédicas. No processamento de sinais de processo que produzem ruídos ou sinais variáveis no tempo, os filtros de coeficiente fixo de resposta a impulsos finitos (FIR) e de resposta a impulsos infinitos (IIR) não são capazes de arquivar uma boa filtragem. (Uma técnica de filtragem adaptativa permite obter um bom desempenho em comparação com os métodos convencionais. A configuração normal do processo de anulação de ruído tem dois sinais de entrada d(n), que estão corrompidos pelo ruído indesejado x1(n), e tem o sinal desejado s(n) e o outro sinal de referência x(n), que deve ser filtrado para fora do processo do sistema. O principal objetivo do processo de cancelamento de *ruído* é comprimir o sinal de ruído e obter o sinal sem ruído. Um sinal de referência x(n) é necessário para a filtragem, embora, normalmente, o sinal de referência não seja o mesmo sinal que a parte de ruído da primeira amplitude, fase ou tempo. Assim, aqui o sinal de referência não pode ser subtraído diretamente do sinal de entrada para obter o resultado desejado na saída. Neste caso, o ruído que afecta o sinal de voz pode ser considerado como ruído branco ou ruído colorido.

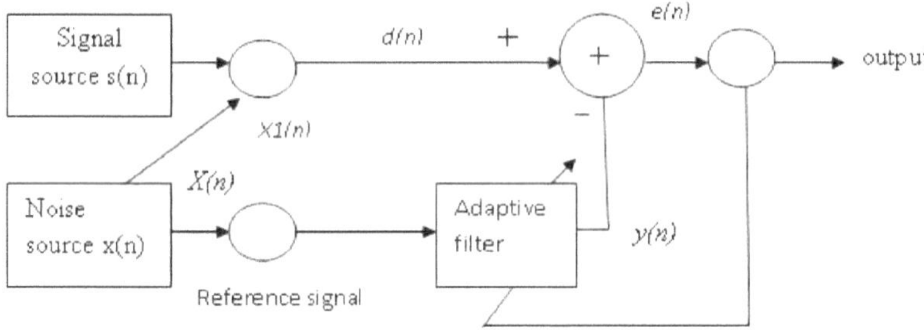

Figura 2.4: Diagrama de blocos do cancelamento de ruído

Onde, x *(n)* é o sinal de entrada, y *(n)* é o sinal de saída, e d *(n)* é o sinal desejado. O sinal de erro e *(n)* é o sinal de erro w (n) é o vetor de pesos.

O sistema de Cancelamento Adaptativo de Ruído (ANC) utiliza dois sinais diferentes, um sinal que é utilizado para a quantidade do sinal corrompido ao mesmo tempo que o outro sinal é utilizado como para a quantidade do sinal de ruído único. esta automação é o ajuste adaptativo dos seus coeficientes de filtro enquanto remove o ruído do sinal corrompido, este desempenho necessita de uma coerência muito elevada entre a componente de ruído *s(n)* no sinal corrompido e o que é ruído no sinal do sistema desconhecido (referência). Sem sucesso, este é um fator limite, na pesquisa aqui usamos dois sinais de entrada e filtragem adaptativa realizada que um sistema de cancelamento de ruído adaptativo (ANC). Aqui, um sinal de entrada é o sinal corrompido pelo ruído, que pode ser expresso como

$$d(n) = s(n) + x(n) \qquad (2.6)$$

Aqui, mais um sinal de entrada é o sinal desejado passado ao longo de um filtro adaptativo e a sua saída $y\,(n)$ é alcançada tão perto de um clone quanto a possibilidade s de x (n) os filtros se auto-alteram e os coeficientes de filtro ajustáveis gradualmente continuamente para minimizar o erro entre enquanto este processo .a saída é removida (subtraída) do sinal corrompido para gerar a saída do sistema de processo. É expresso como: Sinal sem ruído

$$e(n) = s(n) + (n) - y(n) \qquad (2.7)$$

b. Identificação do sistema

A identificação do sistema é a abordagem para modelar um processo de sistema desconhecido. Nesta estrutura, o sistema desconhecido está em sintonia com um filtro adaptativo, e ambos são alimentados com o mesmo sinal. Enquanto o MSE de saída é minimizado, o filtro produz o modelo desejado.

A arquitetura utilizada para o reconhecimento de sistemas adaptativos onde $P\,(n)$ é um sistema desconhecido a ser identificado por um filtro adaptativo $W(n)$. O sinal $x(n)$ excita $P(n)$ e $W(n)$, o sinal desejado $d(n)$ é a saída do sistema desconhecido, minimizando a diferença dos sinais de saída $y(n)$ e $d(n)$, as caraterísticas de $P(n)$ podem ser determinadas.

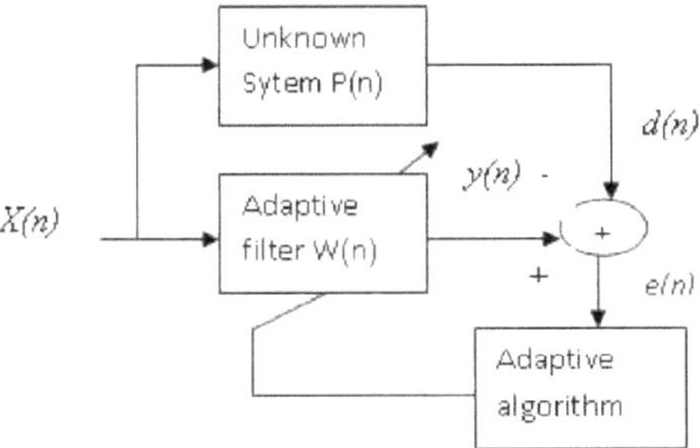

Figura 2.5: Identificação do sistema

Onde, x *(n)* é o sinal de entrada, y *(n)* é o sinal de saída, e d *(n)* é o sinal desejado. O sinal de erro e *(n)* é o sinal de erro; w (n) é o vetor de pesos.

b. Modelação inversa

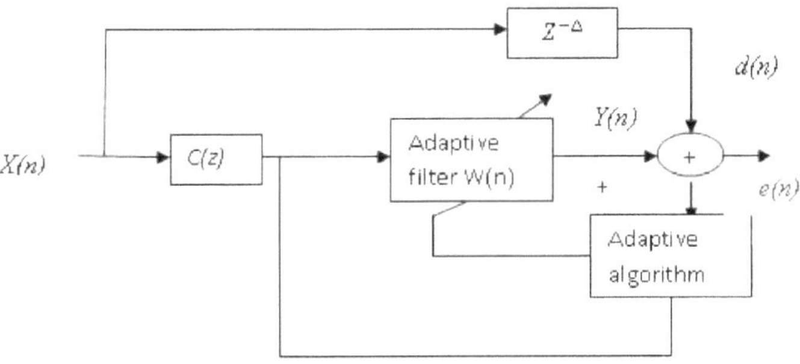

Figura 2.6: Modelação inversa

Onde, x *(n)* é o sinal de entrada, y *(n)* é o sinal de saída e d *(n)* é o sinal desejado. O sinal de erro e *(n)* é o sinal de erro.

A modelação inversa é uma aplicação que pode ser utilizada na área da equalização de canais, por exemplo, é aplicada em modems para reduzir a distorção do canal resultante da alta velocidade de transmissão de dados em canais telefónicos. Para compensar a distorção do canal é necessário utilizar um equalizador, que é o inverso da função de transferência do canal. A transmissão de dados a alta velocidade através de canais com distorção grave pode ser conseguida de várias formas: uma delas consiste em conceber os filtros de transmissão e receção de modo a que a combinação dos filtros e do canal resulte num erro aceitável resultante da combinação da interferência entre símbolos e do ruído; a outra forma consiste em conceber um equalizador no recetor que compense a distorção do canal. O segundo método é a tecnologia mais comummente utilizada nas aplicações de transmissão de dados.

d. Algoritmo LMS (Least Mean Square)

O filtro adaptativo LMS tem uma secção de filtragem e uma secção de adaptação. A secção de filtragem consiste num filtro de resposta impulsiva finita (FIR) e a secção de adaptação consiste num algoritmo LMS. Em cada iteração, a secção de filtragem calcula uma saída do filtro a partir da qual é calculado um valor de erro. A secção de adaptação utiliza o valor de erro para calcular o termo de incremento de peso para atualizar o vetor de peso para a iteração seguinte. O vetor de peso da enésima iteração {w(n)} de um filtro adaptativo LMS é atualizado para a (n+1)[th] iteração utilizando a relação:

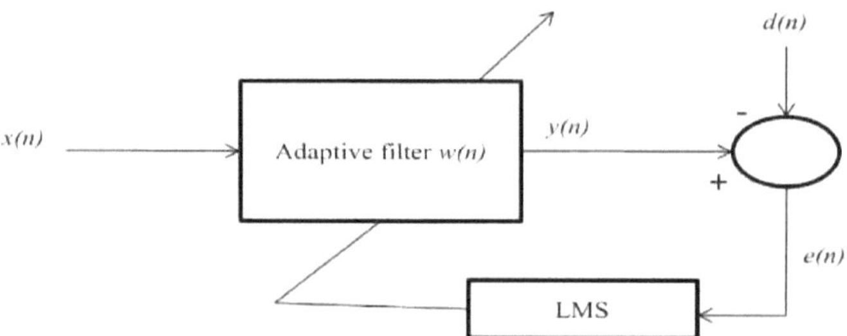

Figura 2.7: Filtro adaptativo 1D LMS

Equações:

$$y(n) = w^t(n)x(n) \tag{2.8}$$

$$e(n) = d(n) - y(n) \tag{2.9}$$

$$w(n+1) = w(n) + 2ue(n)x(n) \tag{2.10}$$

Onde, x (n) é o sinal de entrada, y (n) é o sinal de saída e d (n) é o sinal desejado. O sinal de erro e (n) é o sinal de erro, w (n) é o vetor de peso na n-ésima iteração e μ é um tamanho de passo que regula a taxa de convergência.

e. 1DRLS (Recursive Least Squares)

Algoritmo - O filtro adaptativo de mínimos quadrados recursivos (RLS) é uma técnica que procura recursivamente os coeficientes do filtro que reduzem uma função de custo linear ponderada de mínimos quadrados associada aos sinais de entrada. Os algoritmos RLS são conhecidos pelo seu excelente desempenho quando trabalham em ambientes com variações temporais, mas à custa de uma maior complicação computacional e de alguns problemas de estabilidade. Neste algoritmo, o vetor de pesos de derivação do filtro é eficiente utilizando as equações.

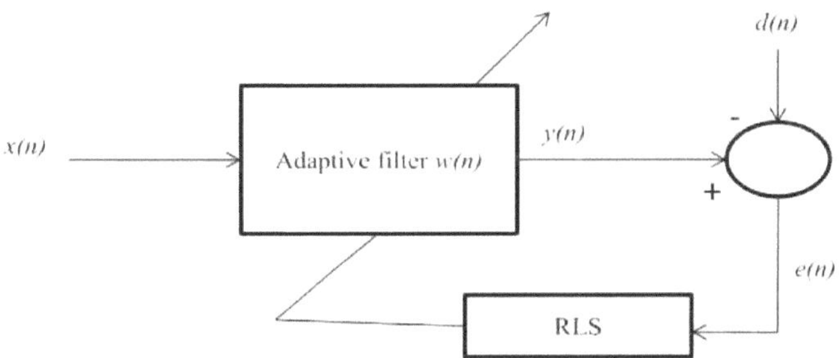

Figura 2.8: Filtro adaptativo 1d RLS

$$y = w^t(n)x(n) \tag{2.11}$$

$$e(n) = d(n) - y(n) \tag{2.12}$$

$$P = 1/\delta \, {}^*C \tag{2.13}$$

$$V = P {}^* X \, (n\text{-}1) \tag{2.14}$$

$$Q = X \, (n\text{-}1)\,'{}^*V \tag{2.15}$$

$$Factor = 1/(\lambda {}^*Q) \tag{2.16}$$

$$K = Factor {}^*V \tag{2.17}$$

Matriz de pesos dada aqui (atualização de pesos):

$$W\,(n) = W\,(n\text{-}1) + 2u^*e(n)^*X(n\text{-}1) \qquad (2.18)$$

$$P = 1/\lambda^*(P\text{-}K^*V') \qquad (2.19)$$

Onde, $x\,(n)$ é o sinal de entrada, $y\,(n)$ é o sinal de saída e $d\,(n)$ é o sinal desejado. O sinal de erro $e\,(n)$ é o sinal de erro, w (n) é o vetor de pesos na n-ésima iteração e μ é um tamanho de passo que regula a taxa de convergência P coeficientes inversos V, Q, K amostras de coeficientes.

2.5.2 FILTRO ADAPTATIVO EM SINAL 2D

Um filtro adaptativo bidimensional (2D) é particularmente semelhante a um filtro adaptativo unidimensional, uma vez que se trata de uma estrutura linear cujos parâmetros são actualizados de forma adaptativa ao longo de todo o processo, conforme indicado por uma abordagem de melhoramento. A principal diferença entre o filtro adaptativo 1D e 2D é que o anterior normalmente traz como fontes de sinais de entrada o tempo, o que sugere em requisitos de causalidade, enquanto o último lida com sinais com 2D, semelhantes a coordenadas x-y na área espacial, que são tipicamente não-causais. Além disso, tal como o filtro 1D, a maioria dos filtros adaptativos 2D são filtros computorizados, tendo em conta a natureza iterativa e alucinante dos algoritmos. Os filtros adaptativos estão a considerar sistemas não lineares. O seu comportamento é mais complexo do que o dos filtros fixos. Por outro lado, como os filtros adaptativos são filtros de conceção auto-planificada, do ponto de vista do profissional, a sua conceção pode ser considerada menos comprometida do que no caso dos filtros digitais com coeficientes determinados. O modo de generalidade de um ambiente de filtragem adaptativa é elaborado.

$$y(m,n) = w^t(m,n)x(m,n) \qquad (2.20)$$

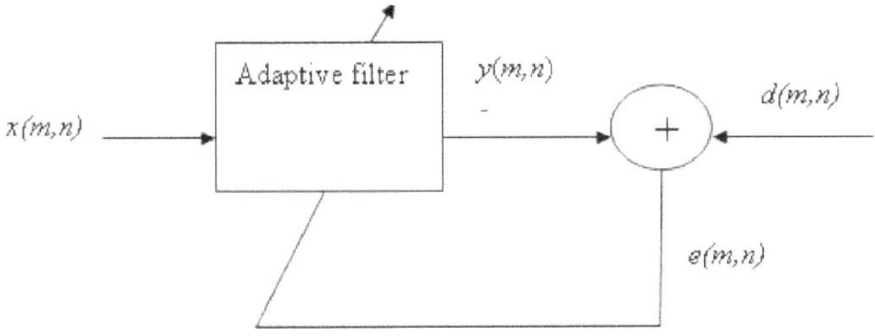

Figura 2.9: Filtro adaptativo 2D

Onde, $X(m, n)$ é o sinal de entrada $d(m, n)$ é o representa o sinal de saída desejado, $y(m, n)$ é o sinal de saída, $e(m, n)$ sinal de erro, $w(n)$ o vetor de peso.

a. Cancelamento de ruídos 2D

O sistema de Cancelamento Adaptativo de Ruído (ANC) utiliza dois sinais diferentes, um sinal que é utilizado para a quantidade do sinal corrompido ao mesmo tempo que o outro sinal é utilizado como para a quantidade do sinal de ruído único. esta automação é o ajuste adaptativo dos seus coeficientes de filtro enquanto remove o ruído do sinal corrompido, este desempenho necessita de uma coerência muito elevada entre a componente de ruído $X(m, n)$ no sinal corrompido e o que é ruído no sinal do sistema desconhecido (referência). Sem sucesso, este é um fator limite, na pesquisa aqui usamos dois sinais de entrada e filtragem adaptativa realizada que um sistema de cancelamento de ruído adaptativo (ANC).

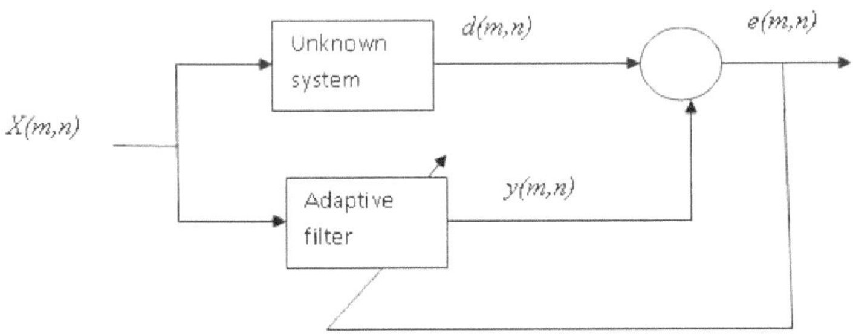

Figura 2.10: Cancelador de ruído 2D

b. Algoritmo de filtro adaptativo 2D-LMS

Onde, X (m, n) é o sinal de entrada, d (m, n) é o representa a saída desejada, y (m, n) é o sinal de saída, e(m, n) sinal de erro, w (m, n) o peso e μ é um tamanho de passo que regula a taxa de convergência.

Os algoritmos TDLMS utilizam técnicas de filtragem adaptativa, que são utilizadas para ajustar os parâmetros de acordo com o algoritmo e o LMS também altera o coeficiente do filtro e minimiza a função. Neste filtro adaptativo, devemos considerar que a matriz de pesos deve ser finita. O filtro adaptativo deve ser dotado de uma matriz de pesos finita. O filtro adaptativo deve ser dotado de uma matriz de pesos W (weight), que é convoluta com a imagem de referência de entrada Y(m, n), que é a imagem de saída na equação 2.21. Na imagem de saída, está a ser utilizada para calcular a matriz de pesos com a imagem de referência de entrada nesta equação (2.21), está a ser utilizada a matriz de pesos que apenas faz a iteração na sua região de padrão de ordem, que pode ser do tipo (3X3, 5X5, 7X7). Depois disto, temos de encontrar o sinal de erro nesta equação (2.23). A saída Y(m, n) é subtraída à imagem de entrada desejada D(m, n) para produzir o resultado da imagem do sinal de erro. E depois de este sinal de erro ser utilizado para atualizar a matriz de pesos, é utilizada a convergência uniforme (u) para regular o tamanho do passo, o seu fator nesta equação (2.23), se atualizar o peso antes de deslocar os dados de uma imagem, é utilizada a imagem de entrada de referência para a iteração seguinte.

$$y(m, n) = w^t(m, n)x(n, n) \tag{2.21}$$

$$e(m, n) = d(m, n) - y(m, n) \tag{2.22}$$

$$w(m, n + 1) = w(m, n) + 2ue(m, n)x(m, n) \tag{2.23}$$

c. Algoritmo de filtro adaptativo 2D-RLS

Algoritmos TDRLS que utilizam técnicas de filtragem adaptativa, O filtro adaptativo de mínimos quadrados recursivos (RLS) é uma técnica que procura recursivamente os coeficientes de filtragem que reduzem uma função de custo linear ponderada de mínimos quadrados ligada aos sinais de entrada. Os algoritmos RLS são conhecidos pelo seu excelente desempenho quando trabalham em ambientes com variações temporais, mas à custa de uma maior complicação computacional e de alguns problemas de estabilidade.

$$y(m, n) = w^t(m, n)x(m, n) \tag{2.24}$$

$$e(m, n) = d(m, n) - y(m, n) \tag{2.25}$$

$$P = 1/\delta * C \tag{2.26}$$

$$V = P * X(n-1) \tag{2.27}$$

$$Q = X(n-1)' * V \tag{2.28}$$

$$Factor = 1/(\lambda * Q) \tag{2.29}$$

$$K = Factor * V \tag{2.30}$$

Matriz de pesos dada aqui (atualização de pesos).

$$W(m,n) = W((m,n)-1) + 2u * e(m,n) * X((m,n)-1) \tag{2.31}$$

$$P = 1/\lambda * (P-K*V') \tag{2.32}$$

Onde, X (m, n) é o sinal de entrada, d(m, n) é o representa a saída desejada, y (m, n) é o sinal de saída, e(m,n) sinal de erro, w (m, n) o peso e μ é um tamanho de passo que regula a taxa de convergência P coeficientes inversos,V,Q,K amostras de coeficientes.

2.6 Estudos relacionados

Os vários tipos de ruído presentes na Imagem, tal como referido neste capítulo, constituem um grande desafio. Muitos investigadores [1, 5-18] contribuíram para a remoção de tais ruídos através da utilização de filtros adaptativos e das suas variantes com o desenvolvimento de sistemas ou estruturas de cancelamento de ruído.

CAPÍTULO 3

ESTUDOS DE CASOS DE CANCELAMENTO DE RUÍDO

3.1 VERSÃO DESLOCADA

O processamento digital de imagens é amplamente utilizado em muitas áreas importantes, como o processamento de imagens médicas, utilizado para o diagnóstico de doenças, o reconhecimento facial utilizado para fins de segurança, as imagens de satélite para actualizações meteorológicas, etc. É muito importante que as imagens sejam isentas de ruído para vários processos no domínio da imagem. O ruído pode ser regularmente introduzido nas imagens durante a aquisição e a transmissão. Um problema básico do processamento de imagens é a eliminação efectiva do ruído de uma imagem, mantendo as suas caraterísticas completas. A descrição do problema depende da categoria do ruído adicionado à imagem. As imagens são frequentemente corrompidas por diferentes tipos de ruído. O ruído de impulso é um dos ruídos mais comuns entre eles. O ruído de impulso resulta em pixéis escuros nas regiões claras e em pixéis claros nas regiões escuras. O ruído de impulso é causado principalmente durante a conversão analógico-digital e também por ruído gaussiano, ruído Speckle, etc.

As técnicas de versão deslocada podem ser aplicadas à técnica de filtragem adaptativa em 2D juntamente com estes dois algoritmos baseados em gradientes. Aqui, os ruídos mais comuns com que pode lidar são o ruído gaussiano, o ruído de sal e pimenta e o ruído de manchas e alguns parâmetros de fidelidade. A versão deslocada pode ser dada em dois tipos, nomeadamente *os mínimos quadrados médios deslocados* e *os mínimos quadrados recursivos deslocados.*

3.2 MÍNIMOS QUADRADOS MÉDIOS DESLOCADOS

A versão deslocada é uma técnica de redução de ruído em que o deslocamento da imagem é efectuado através da remoção dos cantos da imagem. Isto significa que cada pixel dos quatro lados da imagem é removido e é considerado como imagem de entrada (a primeira linha e coluna, a última linha e coluna são removidas). Após a remoção, consideramos essa imagem como imagem de entrada. A técnica de filtro adaptativo 2-D é aplicada no algoritmo de versão deslocada, de modo a ajustar os filtros de coeficiente em função da imagem de erro. Utilizando o algoritmo da versão deslocada, reduz-se o ruído nos pixéis das imagens. A versão deslocada trata geralmente do valor médio e dos bordos da imagem. Neste algoritmo, a imagem de entrada e a imagem pretendida são recolhidas. A imagem de entrada é obtida sob a forma de escala de cinzentos e a variância é definida em conformidade para essa imagem. Nessa imagem, é adicionado ruído à imagem de entrada, que será posteriormente processado no algoritmo de versão deslocada. Depois de obter a saída do processo acima referido, subtraímos a saída obtida à imagem desejada para obter o valor do erro. Para atualizar o peso da imagem de saída obtida, utilizamos o fator de convergência, o valor do erro e a imagem de entrada. A imagem resultante acima é aplicada à técnica de filtragem adaptativa 2-D e o resultado após a aplicação da técnica de filtragem adaptativa 2-D é considerado como imagem sem ruído. Foram utilizados diferentes tipos de ruído, como o ruído gaussiano, o ruído de sal e pimenta e o ruído de manchas. Neste processo, a média do pixel da imagem é ajustada sob a forma de ordens matriciais 3X3, 5X5, 7X7, que representam o número de pixéis circundantes que são tidos em consideração (em 3X3 são necessários 8 pixéis circundantes, sem incluir esse pixel, para ajustar o valor médio).

Assim, ajusta os bordos da imagem de forma a reduzir o ruído presente na imagem. Aqui, o ajuste da imagem significa que, no ajuste da matriz 3X3, a primeira linha, a última linha, a primeira coluna e a última coluna dos pixéis da imagem não são consideradas, uma vez que esses pixéis não têm 8 pixéis circundantes. Para os restantes pixeis que têm 8 pixéis circundantes, calcula-se o valor do bordo da versão deslocada de cada um deles e, depois disso, a imagem resultante é apresentada apenas com os pixéis para os quais o valor do bordo foi calculado, o que significa que, em 3X3, os bordos da primeira linha, da última linha, da primeira coluna e da última coluna da imagem são removidos e não são apresentados na saída. Ao ajustar a imagem através do ajuste matricial 5X5, as duas primeiras linhas, as duas primeiras colunas, as duas últimas linhas e as duas últimas colunas são removidas e, para os outros pixeis, o valor dos bordos é calculado utilizando o algoritmo e a imagem é apresentada em conformidade. Em 7X7, são removidas três camadas de cada um dos quatro lados da imagem e, para os outros pixéis, é calculado o valor do bordo, sendo a imagem apresentada como imagem melhorada em relação à anterior. Para medir o desempenho do resultado, devem ser utilizados os parâmetros de fidelidade. Assim, foram calculados o erro quadrático médio (MSE), o rácio de ruído do sinal de pico (PSNR), o rácio de ruído do sinal (SNR), a correlação cruzada normalizada (NCCR) e o erro absoluto normalizado (NAE). Estes parâmetros avaliam o desempenho do sistema de saída.

Seja a matriz de entrada representada como

$$X(m,n) = \begin{bmatrix} X(m,n)X(m,n+1)\ldots X(m,n+N-1) \\ \vdots \\ X(m+M-1,n)X(m+M-1,n+1)X(m+M-1,n+N-1) \end{bmatrix}$$

$$(3.1)$$

A matriz de pesos será representada como

$$W(k,l) = \begin{bmatrix} W(0,0)\ldots\ldots\ldots W(0.k-1) \\ W(l-1,0)\ldots\ldots W(l-1,k-1) \end{bmatrix} \qquad (3.2)$$

Matriz de saída representada como

$$Y(m,n) \quad \sum_{k=0}^{M-1} \sum_{l=0}^{N-1} W(k,l)X(m+l-1,n+k-1))$$

$$D(2:M,2:N)=X\,(2:M,2:N)$$

$$D(m,n) \quad D(2:M,2:N) \quad X\,(2:M,2:N) \qquad (3.3)$$

Representação da imagem de erro

$$e(m,n) = D(m,n) - \sum_{k=0}^{M-1} \sum_{l=0}^{N-1} W(k,l)X(m+l-1,n+k-1)) \qquad (3.4)$$

Matriz de atualização de pesos apresentada aqui (atualização de pesos)

$$W(k,l) = W(k,l) + u*e(m,n)*X(m+l-1,n+k-1) \qquad (3.5)$$

Onde, *X (m, n)* é o sinal de entrada *d (m, n)* é o representa a saída desejada, *y (m, n)* é o sinal de saída, *e (m, n)* é o erro de saída ,w *(n)* o vetor de peso na n-ésima iteração e μ é um tamanho de passo que regula a taxa de convergência *M, N* é o número de linhas e colunas do valor de índice *m, n* é o valor do pixel da imagem *k, l* como a região seguinte da imagem do filtro adaptativo. Existem 3 tipos de ruído que são discutidos de seguida.

3.3 RUÍDO GAÚSTICO

O algoritmo de mínimos quadrados médios deslocados utiliza ruído gaussiano (chamado ruído branco), que é causado principalmente por flutuações aleatórias no sinal. É modelado por valores aleatórios adicionados a uma imagem. Neste método, o ruído gaussiano de 5db, 10db e 15db é adicionado a uma imagem e, em seguida, calcula-se o nível médio de cinzento numa grelha de píxeis de 3X3, 5X5 e 7X7. Posteriormente, estes valores médios são utilizados para atualizar a intensidade do pixel seguindo o processo do algoritmo de mínimos quadrados médios 2D. Os parâmetros de fidelidade são então utilizados para medir o desempenho da saída. O erro quadrático médio (MSE), o rácio de ruído do sinal de pico (PSNR), o rácio de ruído do sinal (SNR), a correlação cruzada normalizada (NCCR) e o erro absoluto normalizado (NAE) são calculados para avaliar o desempenho desta abordagem.

O método que utiliza o filtro *adaptativo de mínimos quadrados médios deslocados* para ruído gaussiano com a ordem do filtro 7X7 e μ– 0,001 para vários níveis de ruído, como 5db, 10db e 15db, foi aplicado e as saídas correspondentes foram apresentadas em várias figuras.

3.3.1Imagens Gaussianas 5db

Foi tirada uma imagem colorida e depois convertida numa imagem em escala de cinzentos, que é considerada a imagem de entrada original. Foi adicionado à imagem original um ruído gaussiano de 5 dB, seguido da aplicação do filtro adaptativo de mínimos quadrados médios deslocados. A figura 3.1 mostra a saída por etapas deste método.

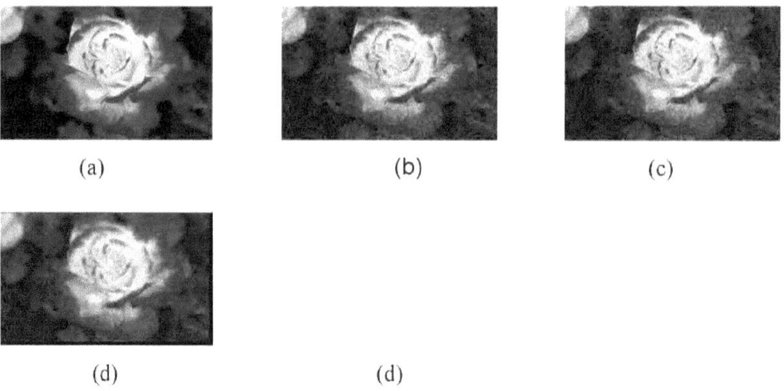

Figura 3.1: Imagens Gaussianas 5db (a) Imagem original de entrada, (b) imagem com ruído Gaussiano incluído, (c) imagem média, (d) imagem final de saída

3.3.2 Imagens Gaussianas 10db

Do mesmo modo, é obtida uma imagem em escala de cinzentos a partir de uma imagem a cores, que é tomada como imagem de entrada original. Adicionou-se à imagem original um ruído gaussiano de 10 dB, seguido da aplicação do filtro adaptativo de mínimos quadrados médios deslocados. A Figura 3.2 mostra o processo de cancelamento do ruído por etapas e o resultado deste método.

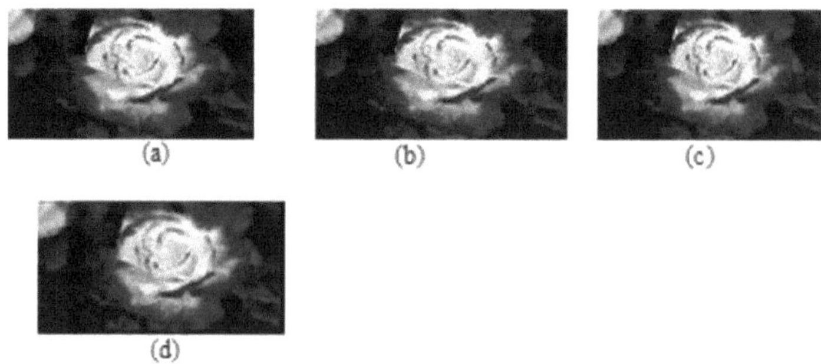

Figura 3.2: Imagens Gaussianas 10db

(a) Imagem de entrada original, (b) imagem com ruído, (c) imagem média, (d) imagem de saída final

e

3.3.3Imagens Gaussianas 15db

A Figura 3.3 mostra o processo de cancelamento de ruído da imagem por etapas, utilizando um filtro adaptativo de mínimos quadrados médios deslocados e gerando uma imagem de saída quando existe um ruído gaussiano de 15db na imagem original.

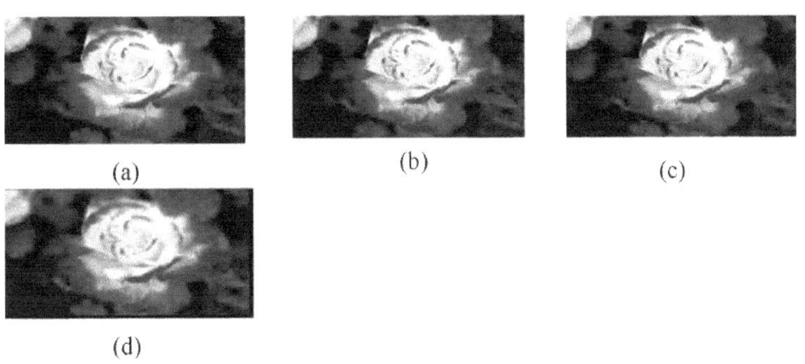

(a)   (b)   (c)

(d)

Figura 3.3: Imagens Gaussianas 15db

(a) Imagem de entrada original, (b) imagem com ruído, (c) imagem média, (d) imagem de saída final

3. 4RUÍDO DE SAL E PIMENTA

O algoritmo de mínimos quadrados médios deslocados também é eficaz para lidar com o ruído de sal e pimenta. Esta degradação pode ser causada por perturbações bruscas e repentinas no sinal de imagem. O seu aspeto é a dispersão aleatória de pixéis brancos ou pretos (ou ambos) sobre a imagem. O método dos mínimos quadrados médios deslocados também dá um resultado efetivo para este ruído a vários níveis, como 5db, 10db e 15db. O restante procedimento é idêntico ao anterior. O resultado do filtro adaptativo de mínimos quadrados médios deslocados para o ruído de sal e pimenta com uma grelha matricial de tamanho 7X7 e $\mu = 0{,}001$ é apresentado na Figura 3.4, 3.5 e 3.6.

3.4.1Sal e pimenta 5db

A Figura 3.4 mostra a imagem por etapas para o processo de cancelamento de ruído quando o ruído de sal e pimenta de 5db está presente na imagem original e a aplicação do filtro adaptativo de mínimos quadrados médios deslocados gera a imagem sem ruído como saída.

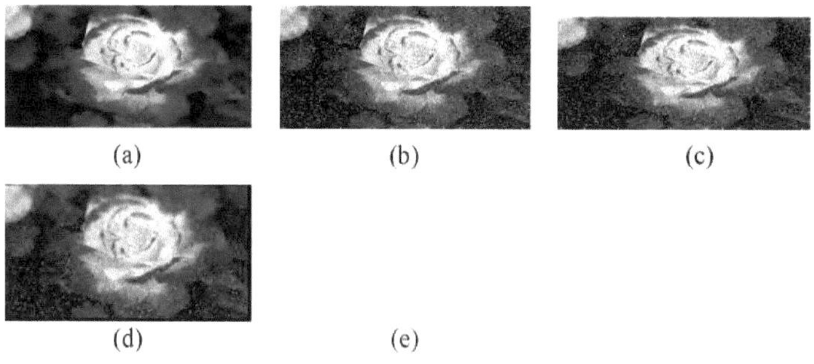

Figura 3.4: Imagem 5db com sal e pimenta

(a) Imagem de entrada original, (b) imagem com ruído, (c) imagem média, (d) imagem de saída final

3.4.2 Sal e Pimenta 10db

A Figura 3.5 mostra a imagem por etapas para o processo de cancelamento de ruído quando o ruído de sal e pimenta de 10db está presente na imagem original e a aplicação do filtro adaptativo de mínimos quadrados médios deslocados gera a imagem sem ruído como saída.

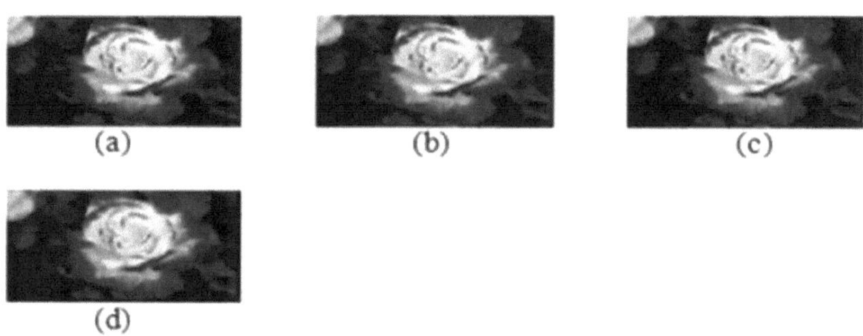

Figura.3.5: Imagem de 10db com sal e pimenta

(a) Imagem original de entrada, (b) imagem com ruído adicionado, (c) imagem média de saída, (d) imagem final de saída,

3.4.3Sal e pimenta 15db

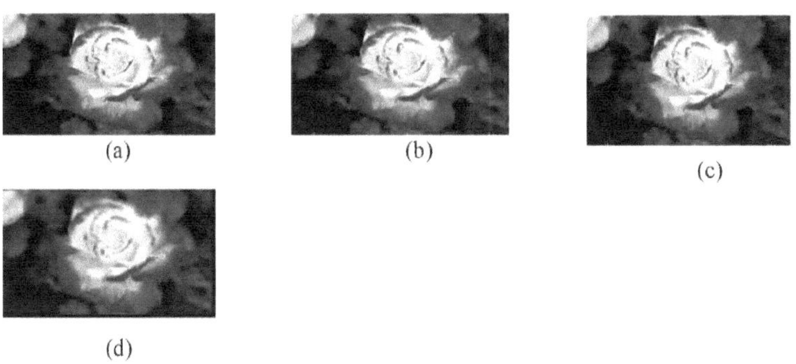

Figura.3.6: Imagem Salt and Pepper 15db

(a) Imagem de entrada original, (b) imagem com ruído, (c) imagem média, (d) imagem de saída final

A Figura 3.5 mostra a imagem por etapas para o processo de cancelamento de ruído quando o ruído de sal e pimenta de 15db está presente na imagem original e a aplicação do filtro adaptativo de mínimos quadrados médios deslocados gera a imagem sem ruído como saída.

3.5 RUÍDOS DE ESPÍCULAS

O método dos mínimos quadrados médios deslocados também pode ser aplicado a imagens que contenham ruído de manchas. Este ruído é um ruído granular (multivalente) que pode ser modelado por valores aleatórios multiplicados pelas intensidades dos pixels de uma imagem. O método dos mínimos quadrados médios deslocados também é eficaz no caso de ruídos de manchas. O método é aplicado numa imagem de amostra anterior com vários níveis de ruído, tais como 5db, 10db e 15db. O restante procedimento é idêntico ao anterior. O resultado do filtro adaptativo de mínimos quadrados médios deslocados para o ruído de manchas com uma grelha matricial de tamanho 7X7 e $\mu = 0,001$ é apresentado nas Figuras 3.7, 3.8 e 3.9.

3.5.1 Cintilação 5db

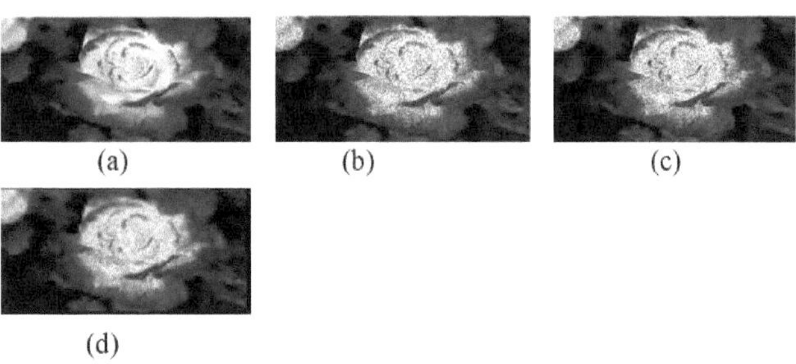

(a)   (b)   (c)

(d)

Figura 3.7: Imagem Speckle 5db

(a) Imagem de entrada original, (b) imagem com ruído, (c) imagem média, (d) imagem de saída final

A Figura 3.7 mostra a imagem por etapas para o processo de cancelamento de ruído quando o ruído speckle de 5db está presente na imagem original e a aplicação do filtro adaptativo de mínimos quadrados médios deslocados gera a imagem sem ruído como saída.

3.5.2 Mancha 10db

A Figura 3.8 mostra a imagem por etapas para o processo de cancelamento de ruído quando o ruído speckle de 10db está presente na imagem original e a aplicação do filtro adaptativo de mínimos quadrados médios deslocados gera a imagem sem ruído como saída.

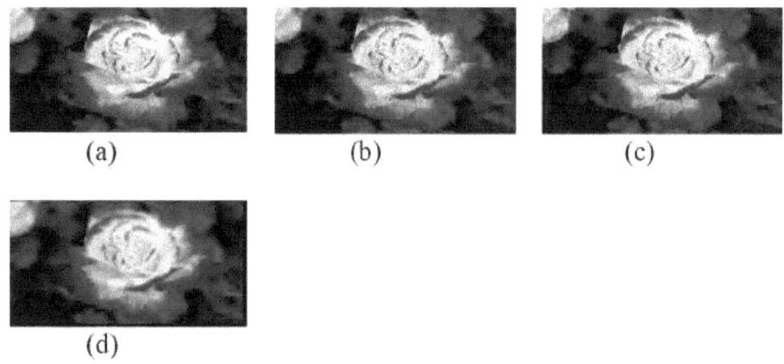

(a)   (b)   (c)

(d)

Figura.3.8: Imagens Speckle 10db

(a) Imagem de entrada original, (b) imagem com ruído, (c) imagem média, (d) imagem de saída final

3.5.3Cintilação 15db

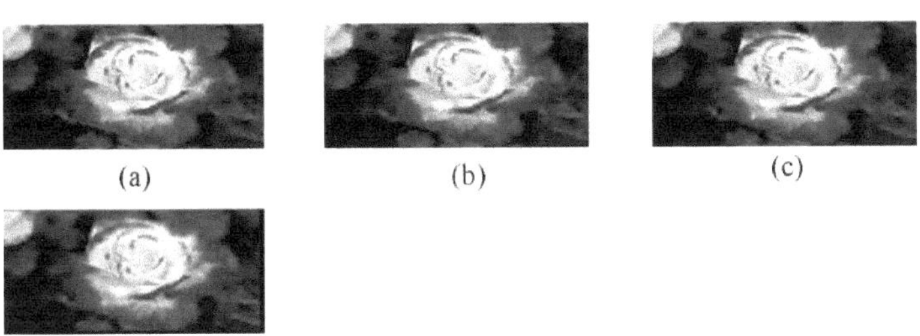

(a)   (b)   (c)

(d)   Figura 3.9: Imagem Speckle 15db

(a) Imagem de entrada original, (b) imagem com ruído, (c) imagem média, (d) imagem de saída final

A Figura 3.9 mostra a imagem por etapas para o processo de cancelamento de ruído quando o ruído speckle de 15db está presente na imagem original e a aplicação do filtro adaptativo de mínimos quadrados médios deslocados gera a imagem sem ruído como saída.

3.6 MÍNIMOS QUADRADOS RECURSIVOS DESLOCADOS

A versão deslocada depende do valor médio dos pixéis circundantes, mas o método dos mínimos quadrados recursivos (RLS) segue um procedimento simples e demora menos tempo a processar o cancelamento do ruído do que o método dos mínimos quadrados médios. O RLS é um dos melhores algoritmos da técnica de filtragem adaptativa 2-D. É aplicado para ajustar os filtros de coeficientes de imagens ruidosas. Segue o processo de redução do ruído nos pixéis utilizando técnicas de versão deslocada. Basicamente, o RLS lida com a média e as suas margens das imagens. Neste algoritmo, considera-se um par de imagens de entrada e de saída desejadas, define-se a variância para a imagem de entrada e adiciona-se ruído à imagem de entrada de nível cinzento. Em seguida, o método RLS é aplicado à imagem de nível de cinzento com ruído. Esta imagem é subtraída da imagem desejada para obter informações sobre o erro devido ao ruído. Uma vez conhecida a informação sobre o erro, o peso pode ser atualizado com o fator de convergência. De seguida, aplica-se o filtro adaptativo 2D a esta imagem e considera-se o mesmo para a eliminação do ruído de várias outras imagens. Para a validação deste método, podem ser testados os ruídos discutidos no capítulo anterior. O tamanho da matriz da janela pode ser definido como 3X3, 5X5 e 7X7, o que representa o número de pixéis circundantes que são tidos em consideração (por exemplo, em 3X3, podem ser incluídos 8 pixéis circundantes para ajustar o valor médio).

Este método também ajusta os bordos da imagem de forma sistemática, de modo a reduzir o ruído presente na imagem. Aqui, o ajustamento dos bordos significa que os pixels de fronteira que não têm 8 vizinhos ligados não são significativos e não contribuem para o cálculo da média da imagem, por exemplo, se a janela da matriz for 3X3, a primeira linha e a última linha, a primeira coluna e a última coluna dos pixels da imagem não são consideradas. Da mesma forma, no ajuste da matriz 5X5, as duas primeiras linhas, as duas primeiras colunas, as duas últimas linhas e as duas últimas colunas são removidas e, para os outros pixéis, a média é calculada utilizando o algoritmo e a imagem é apresentada em conformidade, e assim por diante. Os parâmetros de fidelidade são utilizados para medir o desempenho do resultado. O erro quadrático médio (MSE), o rácio de ruído do sinal de pico (PSNR), o rácio de ruído do sinal (SNR), a correlação cruzada normalizada (NCCR) e o erro absoluto normalizado (NAE) são calculados e podem ser utilizados para avaliar o desempenho do método.

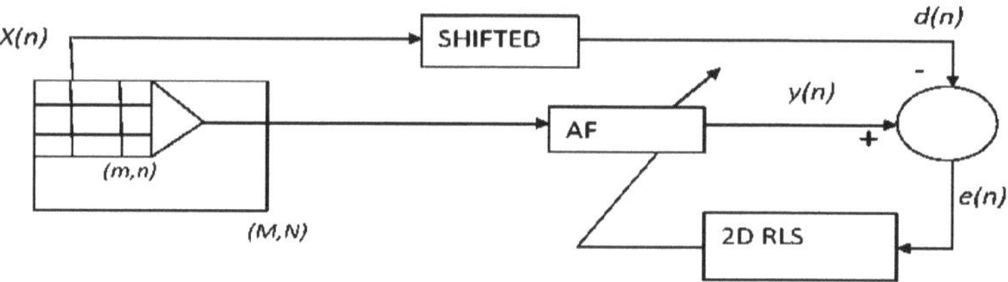

Figura 3.10: Mínimos quadrados recursivos deslocados

Matriz de entrada representada como

$X(m,n) =$

$$\begin{bmatrix} X(m,n)X(m,n+1)\dots X(m,n+N-1) \\ \\ \cdot \\ \cdot \\ \cdot \\ X(m+M-1,n)X(m+M-1,n+1)X(m+M-1,n+N-1) \end{bmatrix} \qquad (3.6)$$

$$W(\mathrm{k},\mathrm{l}) = \begin{bmatrix} W(0,0)\dots\dots\dots\dots W(0.k-1) \\ W(l-1,0)\dots\dots W(l-1,k-1) \end{bmatrix} \qquad (3.7)$$

$\lambda=1$

dlt=1

A matriz de identidade pode ser representada como

$C=$ olho (matriz sem ordem) $\qquad\qquad\qquad\qquad\qquad\qquad$ (3.8)

Numa matriz quadrada em que todos os elementos da diagonal principal são uns, todos os restantes elementos são zeros

A matriz de saída será

$$Y(m,n) = \sum_{k=0}^{M-1}\sum_{l=0}^{N-1} W(k,l)X(m+l-1,n+k-1)) \qquad (3.9)$$

$$D(2{:}M,2{:}N) = X(2{:}M,2{:}N) \qquad (3.10)$$

$$D(m,n) = \quad D(2{:}M,2{:}N) = X(2{:}M,2{:}N) \qquad (3.11)$$

O erro da Imagem pode ser dado como

$$e(m,n) = D(m,n) - \sum_{k=0}^{M-1}\sum_{l=0}^{N-1} W(k,l)X(m+l-1,n+k-1)) \qquad (3.12)$$

$$P = 1/dlt*C \qquad (3.13)$$

$$V = P* X(m+l-1,n+k-1) \qquad (3.14)$$

$$Q = X(m+l-1,n+k-1) \,{'}*V \qquad (3.15)$$

$$\text{Factor} = 1/(\lambda *Q) \qquad (3.16)$$

$$K= \text{Factor}*V \qquad (3.17)$$

Matriz de pesos (atualização de pesos):

$$W(k,l) = W(k,l) + u*\mu*e(m,n)*X(m+l-1,n+k-1) \tag{3.18}$$

$$P = 1/\lambda*(P-K*V') \tag{3.19}$$

(3.19)

Onde, X (m, n) é o sinal de entrada, d (m, n) é o representa a saída desejada, y (m, n) é o sinal de saída, e(m,n) sinal de erro, w (m, n) o peso e μ é um tamanho de passo que regula a taxa de convergência P coeficientes inversos,V,Q,K amostras de coeficientes. O método pode ser aplicado a ruídos gaussianos, sal e pimenta e speckle, tendo sido observada uma imagem de saída semelhante, como se mostra nas figuras 3.1 a 3.9.

CAPÍTULO 4

ESTIMATIVA DE RUÍDO

4.1 ESTIMADOR DE MÉDIA LOCAL

Para a estimativa do ruído em imagens, os métodos mais comuns baseiam-se no estimador da média local (LME). Este método calcula a média dos valores dos pixels vizinhos e, comparando-a com os parâmetros padrão da imagem, estima-se a presença de ruído na imagem. Este conceito de LME foi utilizado para a estimativa e o cancelamento do ruído neste capítulo. De um modo geral, o estimador da média local pode ser estudado através de duas técnicas, ou seja, a LME que utiliza os mínimos quadrados médios e a LME que utiliza os mínimos quadrados recursivos.

4.2 MÍNIMOS QUADRADOS MÉDIOS UTILIZANDO LME

O estimador da média local é um termo estatístico que utiliza o valor médio dos pixéis circundantes da imagem e efectua operações iterativas através de linhas e colunas. A técnica de filtro adaptativo 2D é aplicada no algoritmo dos mínimos quadrados médios para ajustar os filtros de coeficientes da imagem incorrecta. O algoritmo dos mínimos quadrados médios do filtro adaptativo 2D é utilizado para reduzir o ruído presente nas imagens através do mecanismo de estimativa da média local (LME). À semelhança do procedimento descrito na secção 3.3 do capítulo anterior, as imagens são obtidas e, neste caso, são aplicadas técnicas baseadas na LME para anular o ruído presente na imagem. Finalmente, as actualizações dos pesos são efectuadas para eliminar o ruído da imagem, que é afetada por vários ruídos, tal como rcfcrido no capítulo antcrior, como os ruídos gaussiano, sal e pimenta e speckle. O mecanismo e outros conceitos são quase semelhantes aos das técnicas de versão deslocada. O diagrama de blocos e o fluxo do processo estão ilustrados na Figura 4.1, que mostra que a estimativa da média local é processada para a imagem pretendida e depois comparada com a saída do filtro adaptativo para a imagem ruidosa, a fim de encontrar a informação sobre o erro; em seguida, o LMS 2D é aplicado à imagem com erro para atualizar os pesos, de modo a produzir a imagem com erro ou sem ruído.

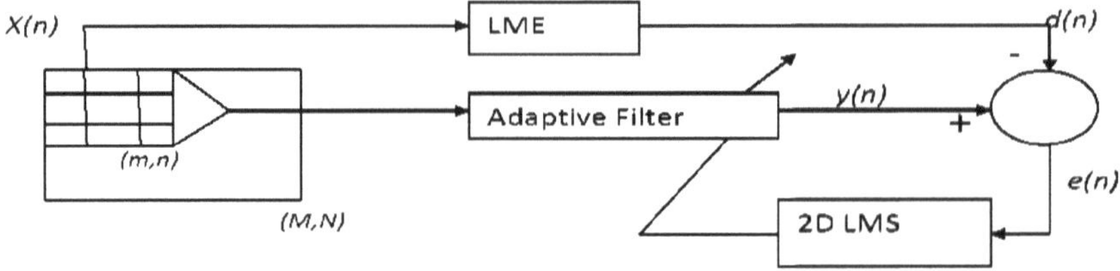

Figura 4.1: Mínimos quadrados médios 2D utilizando o estimador de média local:

Matriz de entrada representada como:

$$X(m,n)=\begin{bmatrix} X(m,n)X(m,n+1)...X(m,n+N-1) \\ \cdot \\ \cdot \\ \cdot \\ \cdot \\ X(m+M-1,n)X(m+M-1,n+1)X(m+M-1,n+N-1) \end{bmatrix}$$

(4.1)

Matriz de pesos representada como:

$$W(k,l)=\begin{bmatrix} W(0,0)..............W(0.k-1) \\ W(l-1,0).....W(l-1,k-1) \end{bmatrix}$$
(4.2)

Matriz de saída representada como:

$$Y(m,n)\ \sum_{k=0}^{M-1}\sum_{l=0}^{N-1}W(k,l)X(m+l-1,n+k-1))$$
(4.3)

Imagem de erro representada como:

$$e(m,n)=D(m,n)-\sum_{k=0}^{M-1}\sum_{l=0}^{N-1}W(k,l)X(m+l-1,n+k-1))$$
(4.4)

Termo de atualização do peso:

$$W(k,l)=W(k,l)+u*e(m,n)*X(m+l-1,n+k-1)$$
(4.5)

Onde, $X(m, n)$ sinal de entrada $d(m, n)$ é o representa a saída desejada $Y(m, n)$ é o sinal de saída, $e(m, n)$ sinal de erro $w(k, l)$ o vetor de pesos e μ é um tamanho de passo que regula a taxa de convergência M,N é o número máximo de linhas e colunas valor do índice m, n é o valor do pixel da imagem k, l como a região seguinte do filtro adaptativo.

4.3 MÍNIMOS QUADRADOS RECURSIVOS UTILIZANDO LME

Este método apresenta uma abordagem semelhante à que discutimos no capítulo anterior para os mínimos quadrados recursivos deslocados (RLS), com a única diferença de que o RLS se baseia na estimativa da média local. O método seguido neste algoritmo é apresentado na Figura 4.2 com as notações habituais. A LME da imagem de entrada é calculada e é considerada como a imagem desejada. Esta imagem é utilizada para comparar a imagem filtrada com ruído e obter a informação sobre o erro. Em seguida, no passo seguinte, é adotado o método baseado nos mínimos quadrados recursivos bidimensionais para atualizar o peso e o procedimento de cancelamento do ruído para gerar a imagem sem ruído.

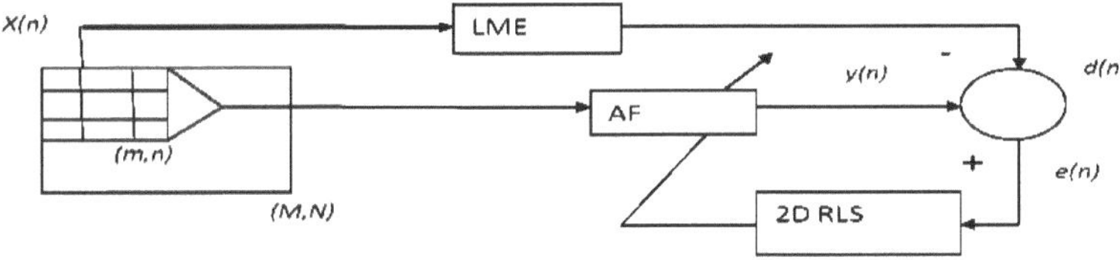

Figura: 4.2 Mínimos quadrados recursivos usando o estimador de média local:

Matriz de entrada representada como:

$X(m,n)=$

$$\begin{bmatrix} X(m,n)X(m,n+1)\dots X(m,n+N-1) \\ \\ \cdot \\ \\ \cdot \\ X(m+M-1,n)X(m+M-1,n+1)X(m+M-1,n+N-1) \end{bmatrix} \quad (4.6)$$

$$W(k,l) = \begin{bmatrix} W(0,0)\dots\dots\dots\dots W(0.k-1) \\ W(l-1,0)\dots.. W(l-1,k-1) \end{bmatrix} \quad (4.7)$$

$Lmd=1$

$Dlt=1$

Matriz de identidade representada

$C=$ olho (matriz sem ordem) $\quad (4.8)$

Numa matriz quadrada em que todos os elementos da diagonal principal são uns, todos os restantes elementos são zeros

Matriz de saída

$$Y(m,n) = \sum_{k=0}^{M-1} \sum_{l=0}^{N-1} W(k,l)X(m+l-1,n+k-1)) \tag{4.9}$$

Imagem de erro apresentada aqui

$$e(m,n) = D(m,n) - \sum_{k=0}^{M-1} \sum_{l=0}^{N-1} W(k,l)X(m+l-1,n+k-1)) \tag{4.10}$$

$$P = 1/dlt*C \tag{4.11}$$

$$V = P* X(m+l-1,n+k-1) \tag{4.12}$$

$$Q = X(m+l-1,n+k-1)'*V \tag{4.13}$$

$$\text{Factor} = 1/(lmd*Q) \tag{4.14}$$

$$K = \text{Factor}*V \tag{4.15}$$

Matriz de pesos dada como:

$$W(k,l) = W(k,l) + u* \mu *e(m,n)*X(m+l-1,n+k-1) \tag{4.16}$$

$$P = 1/lmd*(P-K*V') \tag{4.17}$$

Onde, X (m, n) é o sinal de entrada, d (m, n) é o representa a saída desejada, y (m, n) é o sinal de saída, e(m,n) sinal de erro, w (k, l) o vetor de peso e μ é um tamanho de passo que regula a taxa de convergência P coeficientes inversos, V,Q,K amostras de coeficientes. Na secção seguinte, são apresentados 3 tipos de ruído utilizando o LMS e o RLS com base no LME.

4.4 RUÍDO GAÚSTICO

4.4.1 Ruído Gaussiano de 5db

Uma imagem a cores é obtida e convertida em imagem a cinzento, sendo esta imagem considerada como a imagem de entrada original. Adiciona-se à imagem original um ruído gaussiano de 5 dB, seguido da aplicação da estimativa da média local baseada nos mínimos quadrados (LMS) ou nos mínimos quadrados recursivos (RLS) no filtro adaptativo. A Figura 4.3 mostra a saída por etapas deste método.

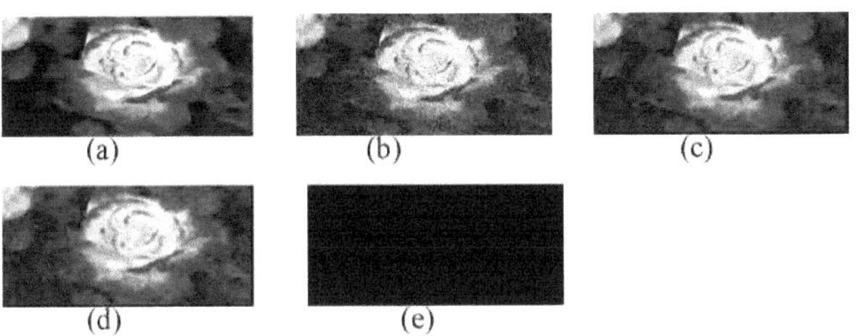

Figura 4.3 Imagens com ruído gaussiano de 5db

(a) Imagem de entrada original, (b) imagem com ruído, (c) imagem média, (d) imagem de saída final, (e) imagem de saída com erro.

4.4.2 Ruído Gaussiano de 10db

De forma semelhante à anterior, é utilizada uma imagem em escala de cinzentos. Adiciona-se à imagem original um ruído gaussiano de 10 dB, seguido da aplicação da estimativa da média local baseada nos mínimos quadrados médios (LMS) ou nos mínimos quadrados recursivos (RLS) no filtro adaptativo. A Figura 4.4 mostra a saída por etapas deste método.

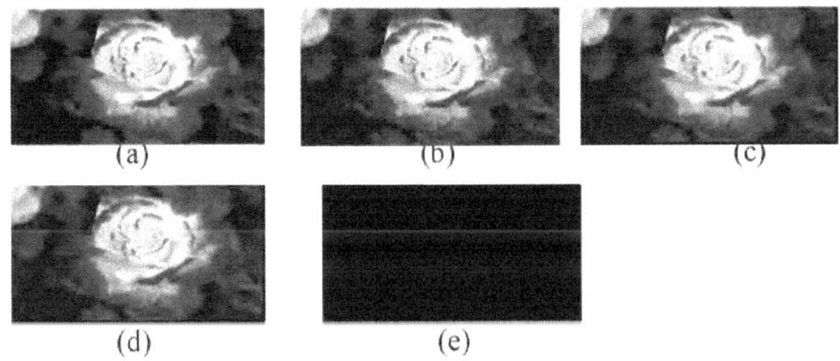

Figura 4.4 Imagens com ruído gaussiano de 10db

(a) Imagem de entrada original, (b) imagem com ruído, (c) imagem média, (d) imagem de saída final, (e) imagem de saída com erro.

4.4.3 Ruído gaussiano de 15db

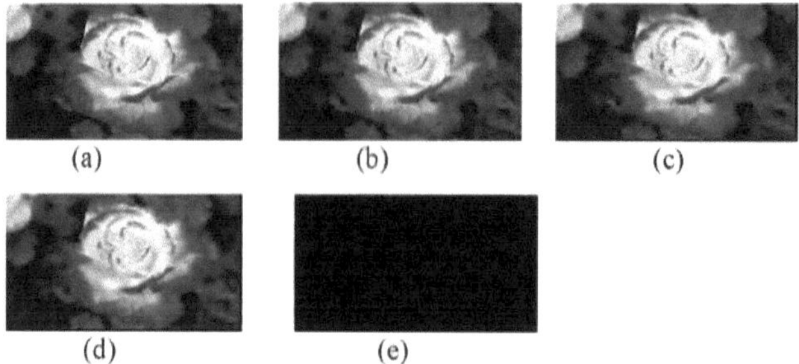

(a)   (b)   (c)

(d)   (e)

Figura 4.5 Imagens com ruído gaussiano de 15db

(a) Imagem de entrada original, (b) imagem com ruído, (c) imagem média, (d) imagem de saída final, (e) imagem de saída com erro.

A Figura 4.5 mostra a imagem de saída gradual para o método especificado na imagem com ruído Gaussiano de 15db.

4.5 RUÍDO DE SAL E PIMENTA

Na imagem de entrada em escala de cinzentos, são agora adicionados vários níveis (i.e. 5db, 10db e 15db) de ruído de sal e pimenta para verificar o desempenho do método adotado, i.e., o método dos mínimos quadrados médios (LMS) e o método dos mínimos quadrados recursivos (RLS) baseado na estimativa da média local no filtro adaptativo, discutidos nas secções 4.2 e 4.3, respetivamente.

4.5.1 Ruído de 5db de sal e pimenta

A Figura 4.6 mostra a imagem de saída gradual para o método especificado na imagem com ruído de 5db de sal e pimenta.

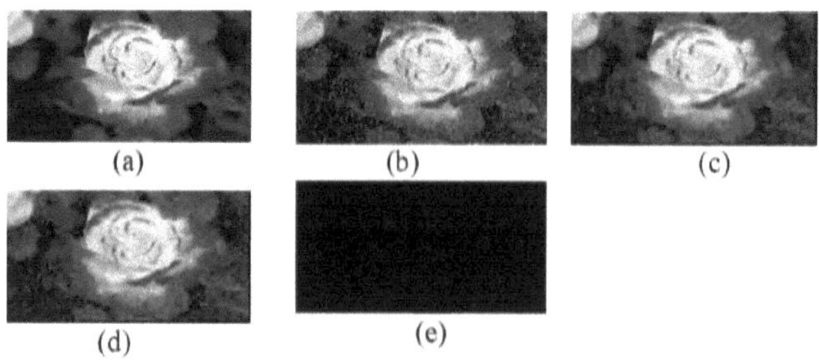

(a)   (b)   (c)

(d)   (e)

Figura 4.6: Imagem com ruído de sal e pimenta de 5db

(a) Imagem de entrada original, (b) imagem com ruído, (c) imagem média, (d) imagem de saída final, (e) imagem de saída com erro.

4.5.25 ruído de 10db de alt e pimenta

A Figura 4.7 mostra a imagem de saída por etapas para o método especificado na imagem com ruído de 10db de sal e pimenta.

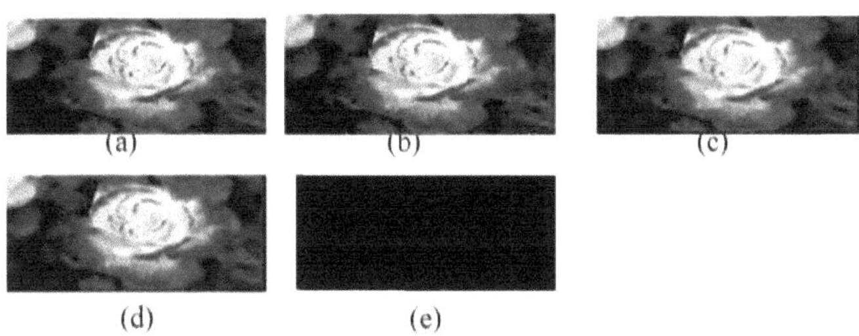

Figura 4.7: Imagem com ruído de 10db de sal e pimenta

(a) Imagem de entrada original, (b) imagem com ruído, (c) imagem média, (d) imagem de saída final, (e) imagem de saída com erro.

4.5.26 Sal e pimenta 15db de ruído

A Figura 4.8 mostra a imagem de saída gradual para o método especificado na imagem com ruído de 15db de sal e pimenta.

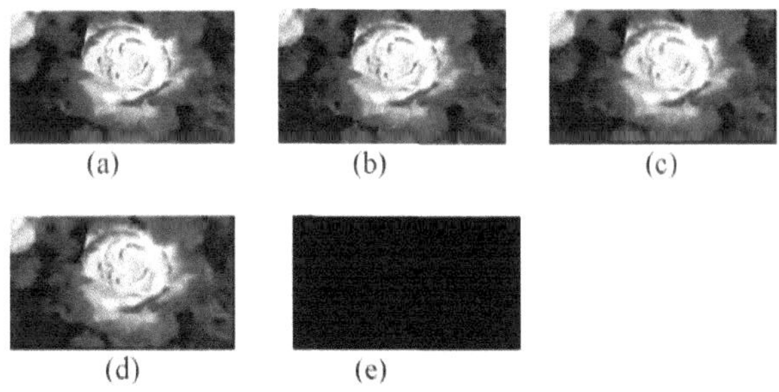

Figura 4.8: Imagem com ruído de 15db de sal e pimenta

(a) Imagem de entrada original, (b) imagem com ruído, (c) imagem média, (d) imagem de saída final, (e) imagem de saída com erro.

4.6 RUÍDOS DE ESPÍCULAS

Na imagem de entrada em escala de cinzentos, são agora adicionados vários níveis (i.e. 5db, 10db e 15db) de ruído de manchas para verificar o desempenho do método adotado, i.e., estimativa da média local baseada nos mínimos quadrados médios (LMS) e nos mínimos quadrados recursivos (RLS) no filtro adaptativo (com a ordem do filtro =3X3 e o tamanho do passo para a regulação da taxa de convergência tomado como, μ = 0,1) discutido na secção 4.2 e 4.3 respetivamente.

4.6.1 Ruído Speckle 5db

A Figura 4.9 mostra a imagem de saída gradual para o método especificado na imagem com ruído speckle 5db.

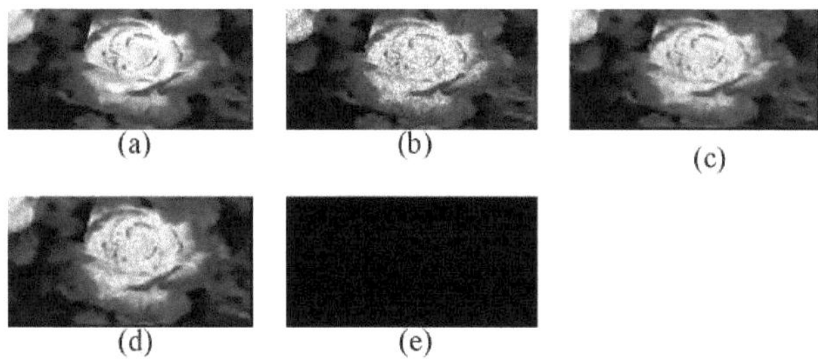

Figura.4.9: Imagem de ruído Speckle 5db

(a) Imagem de entrada original, (b) imagem com ruído, (c) imagem média, (d) imagem de saída final, (e) imagem de saída com erro.

4.6.2 Ruído Speckle 10db

A Figura 4.10 mostra a imagem de saída gradual para o método especificado na imagem com ruído speckle 10db.

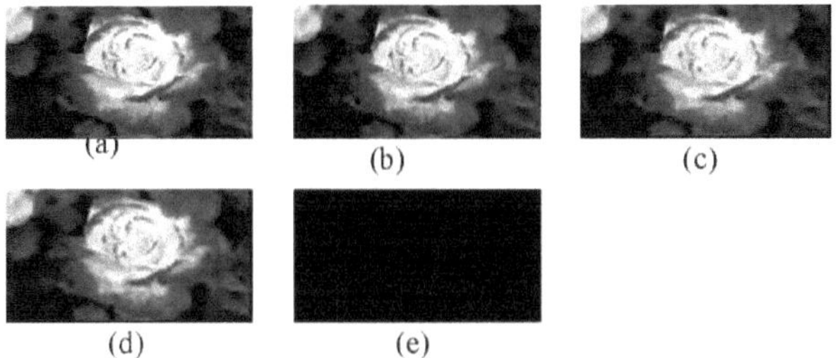

Figura 4.10: Imagem de ruído Speckle 10db

(a) Imagem de entrada original, (b) imagem com ruído, (c) imagem média, (d) imagem de saída final, (e) imagem de saída com erro.

4.6.3 Ruído Speckle 15db

A Figura 4.11 mostra a imagem de saída gradual para o método especificado na imagem com ruído speckle de 15db.

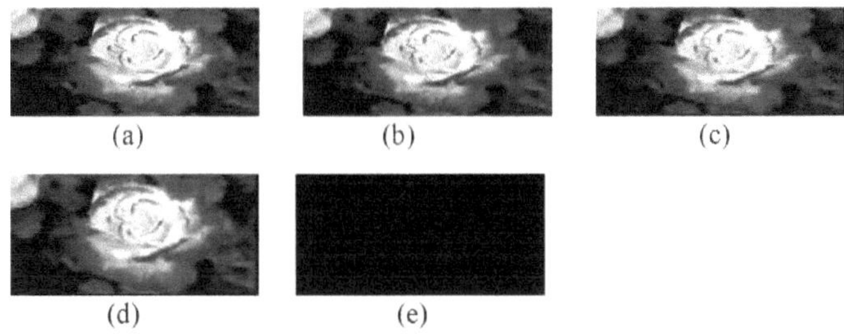

Figura 4.11 Imagem de ruído Speckle 15db

(a) Imagem de entrada original, (b) imagem com ruído, (c) imagem média, (d) imagem de saída final, (e) imagem de saída com erro.

****

Apêndice A

LISTA DE ABREVIATURAS:

1. *AWGN* — Additive White Gaussian Noise
2. *SPN* — Salt and Pepper Noise
3. *SN* — Speckle Noise
4. *MED* — Median (filter)
5. *AF* — Adaptive Filter
6. *1D- AF* — One Dimensions Adaptive Filter
7. *2D- AF* — Two Dimensions Adaptive Filter
8. *LMS* — Least Mean Square (algorithm)
9. *RLS* — Recursive Least Square (algorithm)
10. *SV* — Shifted Version
11. *SV-LMS* — Shifted Version Least Mean Square
12. *SV-RLS* — Shifted Version Recursive Least Square
13. *LME* — Local mean estimator
14. *LME-LMS* — Local mean estimator Least Mean Square
15. *LME-RLS* — Local mean estimator Recursive Least Square
16. *MSE* — Mean Squared Error
17. *PSNR* — Peak Signal to Noise Ratio
18. *NCCR* — Normalized Cross co relation
19. *NAE* — Normalized Absolute Error
20. *SNR* — Signal-to-Noise Ratio
21. *ASIC* — Application specific integrated circuits
22. GN — Gaussian noise

23. *TIFF*   Tagged Image File Format. File types
                              ending in .tiff
24. *JPEG*   Joint Photographic Experts Group, file
                              types ending with .jpg
25. *GIF*   Graphic Interchange Format. file types
                              ending in .gif
26. *PNG*   Portable Network Graphics. file types
                              ending in . png

****

Apêndice B

LISTA DE SÍMBOLOS:

1. X, X (m, n)	original input signal
2. $X(m, n)$	Pixel at location (m, n); its gray scale value
3. Y, Y (m, n)	Noisy Digital Image output image.
4. D (m, n)	Reference signal represents the desired output signal
5. e (m, n)	Error signal
6 .w (m, n)	Weight vector at nth iteration
7. μ	Step Size (in case of LMS adaptation)
8. P	Inverse coefficients, V, Q, K samples of coefficients
11. $f(.)$	Filtering operation
12.(δ)	Delta
13. (π)	Pie
14. (σ)	Standard deviation
15. (τ)	Lambda

REFERÊNCIAS

1. Lin, J. N., X. Nie, e R. Unbehauen. "Filtro adaptativo LMS bidimensional incorporando um estimador de média local para processamento de imagens". IEEE Transactions on Circuits and Systems II: Analog and Digital Signal Processing 40.7 (1993): 417-428.

2. Kockanat, Serdar, e Nurhan Karaboga. "Um novo algoritmo de filtro adaptativo 2D-ABC: um estudo comparativo." Digital Signal Processing 40 (2015): 140-153.

3. Singh, Prabhishek, e Raj Shree. "Uma nova técnica de despeckling homomórfica computacionalmente melhorada de imagens SAR". Revista Internacional de Pesquisa Avançada em Ciência da Computação 8.3 (2017).

4. Li, Li, e Li Xiuhua. "Uma nova filtragem mediana adaptativa baseada no critério multidirecional". MultiMedia e Tecnologia da Informação, 2008. MMIT'08. Conferência Internacional sobre. IEEE, 2008.

5. Zhou, Zhigang, Nong Sang e Xinrong Hu. "Um algoritmo de aprimoramento adaptativo não linear paralelo para imagens coloridas de baixa ou alta intensidade". EURASIP Journal on Advances in Signal Processing 2014.1 (2014): 70.

6. Seddik, Hassene. "Uma nova família de filtros gaussianos com localização adaptativa do lóbulo e força de suavização para restauração eficiente de imagens". EURASIP Journal on Advances in Signal Processing 2014.1 (2014): 1-11.

7. Ganta, Raghotham Reddy, et al. "Segmentação de imagens de derrames de petróleo com modelo de conjunto de níveis adaptativo baseado na iluminação-reflectância." IEEE Journal of Selected Topics in Applied Earth Observations and Remote Sensing 5.5 (2012): 1394-1402.

8. Hadei, Sayed. "A family of adaptive filter algorithms in noise cancellation for speech enhancement." arXiv preprint arXiv:1106.0846 (2011).

9. Mnteanu, Cristian, Francisco Cabrera Morales e Juan Ruiz-Alzola. "Redução de manchas através da evolução interactiva de um filtro estatístico de ordem geral para imagiologia clínica por ultra-sons." IEEE Transactions on Biomedical Engineering

55.1 (2008): 365-369.

10. Lee, Seong-Won, et al. "Noise-adaptive spatio-temporal filter for realtime noise removal in low light level images." IEEE Transactions on Consumer Electronics 51.2 (2005): 648-653.

11. Vanzella, Walter, Felice Andrea Pellegrino, e Vincent Torre. "Regularização auto-adaptativa". Transacções IEEE sobre análise de padrões e inteligência artificial 26.6 (2004): 804-809.

12. Xu, Xiaoyin, et al. "Adaptive two-pass rank order filter to remove impulse noise in highly corrupted images." IEEE Transactions on Image Processing 13.2 (2004): 238-247.

13. Mehta, Rachna, e Navneet Kumar Aggarwal. "Análise comparativa do filtro mediano e do filtro adaptativo para ruído de impulso - uma revisão". 2003.1 (2003): 1-22

14. Atzori, Luigi, Francesco GB De Natale e Fabrizio Granelli. "Adaptive anisotropic filtering (AAF) for real-time visual enhancement of MPEG- coded video sequences." IEEE transactions on circuits and systems for video technology 12.5 (2002): 285-298.

15. Boulgouris, Nikolaos V., Dimitrios Tzovaras e Michael Gerassimos Strintzis. "Compressão de imagem sem perdas baseada em previsão óptima, elevação adaptativa e codificação aritmética condicional". IEEE Transactions on Image Processing 10.1 (2001): 1-14.

16 Plataniotis, Konstantinos N., et al. "Color image processing using adaptive multichannel filters". IEEE Transactions on Image Processing 6.7 (1997): 933-949.

17 Kotropoulos, Constantine, et al. "Nonlinear ultrasonic image processing based on signal-adaptive filters and self-organizing neural networks." IEEE Transactions on Image Processing 3.1 (1994): 65-77.

18 **Widrow, Bernard. "Filtros adaptativos". Aspects of network and system theory (1971): 563-587.**

I want morebooks!

Buy your books fast and straightforward online - at one of world's fastest growing online book stores! Environmentally sound due to Print-on-Demand technologies.

Buy your books online at
www.morebooks.shop

Compre os seus livros mais rápido e diretamente na internet, em uma das livrarias on-line com o maior crescimento no mundo! Produção que protege o meio ambiente através das tecnologias de impressão sob demanda.

Compre os seus livros on-line em
www.morebooks.shop

Printed by Books on Demand GmbH, Norderstedt / Germany